D1705687

CIP-Titelaufnahme der Deutschen Bibliothek

USA für Kinder: Land und Leute kennenlernen
Louisa Somerville, Ill. von Roger Fereday.
[Aus dem Engl. von Susanne Härtel].
– München: Ars-Ed. 1991
  Einheitssacht.: First book of America <dt.>
  ISBN 3-7607-4502-8
NE: Somerville, Louisa [Mitverf.]; Fereday, Roger [Ill.]; EST

USA FÜR KINDER

Land und Leute kennenlernen

Louisa Somerville

Illustriert von Roger Fereday

Inhalt

- 2 Über Amerika
- 4 Die Geschichte Amerikas
- 6 New York
- 8 Neu-England
- 10 Mittelatlantische Staaten
- 12 Südstaaten I
- 14 Florida
- 16 Südstaaten II
- 18 Die Großen Seen
- 20 Die Prärie
- 22 Texas
- 24 Die Wüste
- 26 Die Rocky Mountains
- 28 Alaska und der Nordwesten
- 30 Kalifornien
- 32 Register

ars edition

Über Amerika

Die Vereinigten Staaten von Amerika bilden ein riesiges Land. Einige Teile sind sehr dicht besiedelt, andere dagegen fast menschenleer. Obwohl die Vereinigten Staaten eine der reichsten und mächtigsten Nationen der Erde sind, gibt es dort viele sehr arme Leute.
Das Land besteht aus 50 Staaten und ist auf dieser Karte in verschiedenfarbige Regionen aufgeteilt. Von jeder dieser Regionen findest du im Buch noch einmal eine detaillierte Karte.

Manche geographischen Bezeichnungen wurden im Buch abgekürzt. Zusätze wie »National-« und »Staats-« wurden bei Ortsbezeichnungen weggelassen, so heißt z.B. der »Zion Nationalpark« nur noch »Zion Park«.

Statt »Vereinigte Staaten von Amerika« heißt es hier einfach »Vereinigte Staaten« oder »USA«. Das ist die Abkürzung von »United States of America«, also der englischen Bezeichnung.

Zwischen Alaska, dem nördlichsten Bundesstaat der USA, und dem Rest der Vereinigten Staaten liegt Kanada.

Nord- und Südamerika

Diese Karte zeigt den Doppelkontinent Amerika. Nordamerika besteht aus den USA, Kanada und Mexiko; außerdem gibt es noch einige abhängige Gebiete.

Fakten über die USA

Hawaii ist der 50. Bundesstaat der USA. Er besteht aus einer Inselgruppe im Pazifik und ist sehr weit vom Festland entfernt. Die herrlichen Strände und das tolle Wetter dort machen es zu einem Urlaubsparadies.

Die USA sind das viertgrößte Land der Welt. Die Entfernung von der Ost- zur Westküste beträgt etwa 5000 km.

Die größten Städte sind New York, Los Angeles, Chicago, Houston und Philadelphia.

Die Hauptstadt ist Washington D.C.

Fast 250 Millionen Menschen der verschiedensten Rassen leben in den USA.

Zeitzonen

Die USA sind so riesig, daß sie sich über mehrere Zeitzonen erstrecken. So ist es z.B. in New York schon 9 Uhr, wenn es in Los Angeles erst 6 Uhr schlägt.

Stars and Stripes

Die Amerikaner nennen ihre Flagge auch »Stars and Stripes«, was soviel heißt wie »Sterne und Streifen«. Die 13 Streifen symbolisieren die ersten 13 Staaten, die sich vor langer Zeit zu den Vereinigten Staaten zusammengeschlossen haben. Die 50 Sterne stehen für die 50 heutigen Bundesstaaten.

Die Grenze zwischen den USA und Kanada verläuft mitten durch diese Seen.

Die USA produzieren mehr Rindfleisch, Mais, Milch und andere Nahrungsmittel als sonst ein Land der Erde.

Der längste Fluß ist der Mississippi. Er mißt ungefähr 3800 km.

Auf der Karte wurden die Namen einiger Staaten abgekürzt. Hier die vollen Namen:

CT Connecticut
DE Delaware
MA Massachusetts
MD Maryland
NH New Hampshire
NJ New Jersey
RI Rhode Island
VT Vermont

Diese grauen Linien zeigen die Zeitzonen an.

Der höchste Berg der USA (und ganz Nordamerikas) ist mit 6193 m der Mount McKinley in Alaska.

Die USA sind ein demokratischer Bundesstaat. Staatsoberhaupt ist ein Präsident, der alle vier Jahre gewählt wird und nur einmal wiedergewählt werden kann.

Jeder der 50 Bundesstaaten hat eine Hauptstadt, in der sich der Sitz der jeweiligen Landesregierung befindet. Auf den Karten in diesem Buch sind die Landeshauptstädte mit einem blauen Stern gekennzeichnet.

Die Bundesregierung der USA sitzt in Washington. Sie macht die Außenpolitik und erläßt die Bundesgesetze, die in allen Staaten gültig sind.

Die Geschichte Amerikas

In vorgeschichtlicher Zeit zogen Jäger von Sibirien in Asien hinüber nach Alaska. Im Laufe der Jahre besiedelten sie allmählich ganz Amerika. Jeder Stamm entwickelte seine eigene Sprache und Kultur.

1620 segelten die Puritaner, Vertreter einer religiösen Bewegung aus England, nach Amerika. Sie landeten in der Bucht des heutigen Plymouth in Neu-England und ließen sich in der Gegend nieder. Viele starben im ersten Winter an Hunger und Kälte.

Die Engländer gründeten Kolonien an der Ostküste. Da sie immer noch unter britischer Herrschaft standen, mußten sie zu ihrem Ärger Steuern an England bezahlen. Viele wollten sich daher von ihrer alten Heimat lösen. So kam es im Jahr 1775 schließlich zum Unabhängigkeitskrieg.

1492 erreichte Christoph Kolumbus Amerika. Er war von Spanien aus losgesegelt, um einen Seeweg nach Indien zu finden. Weil er glaubte, in Indien angekommen zu sein, nannte er die Menschen dort »Indianer«.

Die Indianer lehrten die Siedler, zu jagen, zu fischen und Mais anzupflanzen. Nach der ersten Ernte gab es ein Erntedankfest. Dieser »Thanksgiving Day« wird noch heute jedes Jahr im November gefeiert.

George Washington

England verlor diesen Krieg und erkannte 1783 die Unabhängigkeit der 13 Kolonien an. Die Kolonien gründeten die Vereinigten Staaten von Amerika. 1789 wurde George Washington zum ersten Präsidenten gewählt.

Es kamen noch viele andere Entdekker aus Europa. Die Spanier eroberten große Teile des Südens, Franzosen erforschten vor allem den hohen Norden.

Manche Siedler handelten mit den Indianern, andere betrachteten sie als Feinde. Viele Indianer wurden getötet oder starben an Krankheiten, welche die Siedler einschleppten.

Immer mehr Territorien traten der Union bei. 1803 kaufte Präsident Jefferson das große Gebiet zwischen Mississippi und Rocky Mountains von den Franzosen und verdoppelte damit die Fläche der Nation.

Pfanne zum Goldwaschen

Auf der Suche nach neuem Land zogen die Siedler immer weiter nach Westen und verdrängten oft rücksichtslos die dort lebenden Indianer. Manche fuhren an den großen Flüssen entlang, andere folgten mit ihren Planwagen den Routen der Pelzhändler.

1869 entstand die erste durchgehende Eisenbahnverbindung. Zwei Gesellschaften arbeiteten von der Ost- und der Westküste aufeinander zu; dort, wo sie sich trafen, wurden die Schienen mit einem goldenen Nagel verbunden.

Nun kamen noch mehr Siedler – und die Armee! Man trieb die Indianer nach blutigen Kämpfen zusammen und zwang sie in sogenannte Reservate, die es bis heute noch gibt.

Im Westen wurde bald Gold und Silber gefunden. Über Nacht entstanden blühende Ortschaften. Sobald die Minen nichts mehr hergaben, zogen die Menschen weiter. Zurück blieben nur »Geisterstädte«.

In den Südstaaten wurden Sklaven zur Arbeit auf den großen Plantagen eingesetzt. Die Bevölkerung im Norden dagegen wollte die Sklaverei abschaffen.

1861 traten die Südstaaten aus der Union aus. Sie gründeten einen Zusammenschluß, die Konföderation. Ein schlimmer Bürgerkrieg war die Folge, der Sezessionskrieg, den die Nordstaaten 1865 gewannen.

Ende des 19. und Anfang des 20. Jahrhunderts wanderten viele Europäer nach Amerika aus, entweder um Krieg und Armut zu entkommen oder auf der Suche nach politischer und religiöser Freiheit.

Während des 20. Jahrhunderts waren die USA in zahlreiche große Kriege verwickelt, so in den 1. und 2. Weltkrieg, den Korea- und den Vietnamkrieg.

John F. Kennedy

1963 wurde Präsident John F. Kennedy ermordet. Auch sonst gab es in den 60er Jahren viel Unruhe: Die schwarzen Amerikaner forderten immer lauter ihre Rechte. Doch auch heute sind sie den Weißen gegenüber oft noch benachteiligt.

1969 betrat der Astronaut Neil Armstrong als erster Mensch den Mond.

Und in Zukunft?

Die USA sind eine mächtige Nation und seit 1945 der größte Rivale der UdSSR, der anderen »Supermacht«. In diesem Jahrzehnt werden die beiden Länder hoffentlich einen Weg finden, in Frieden miteinander auszukommen.

New York

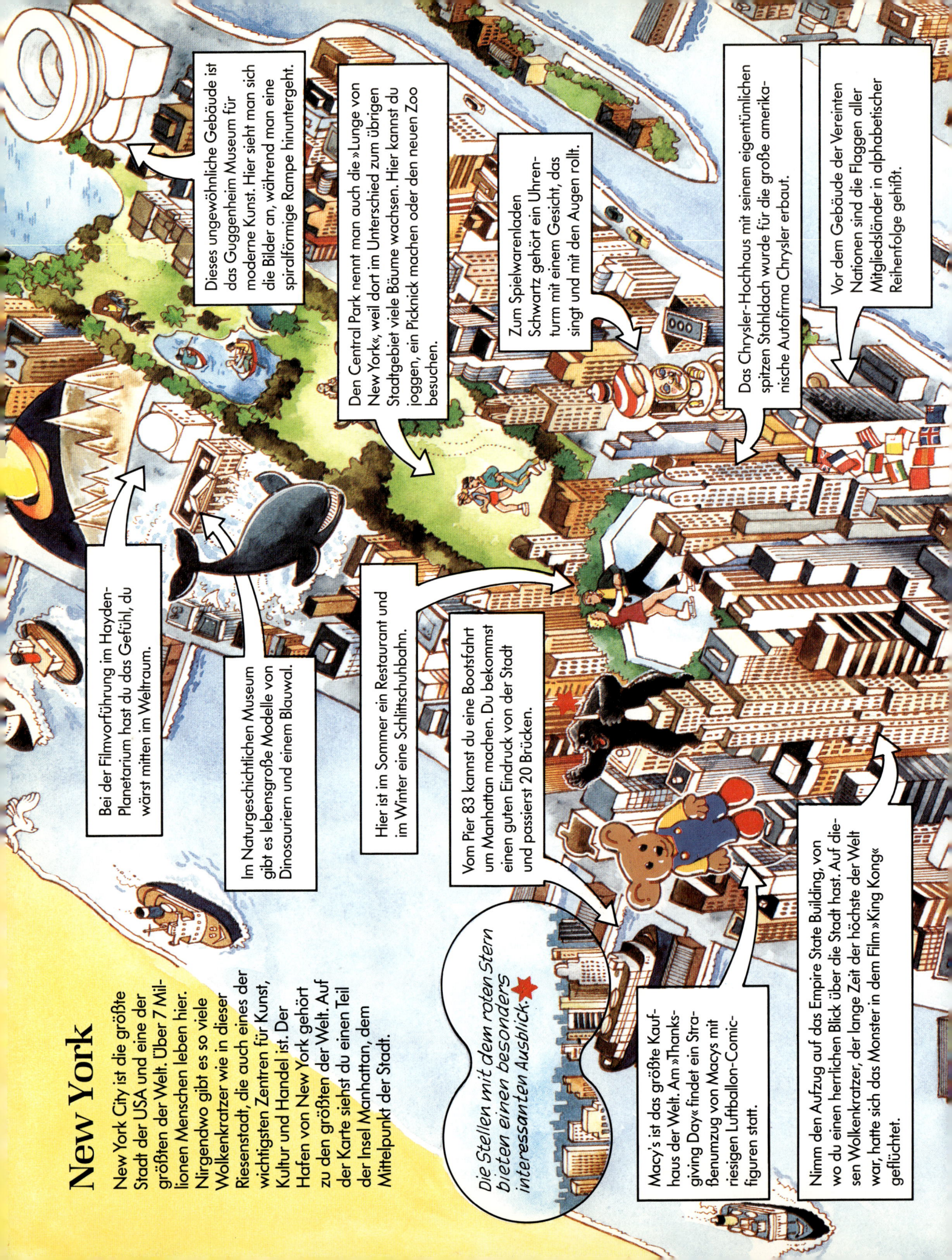

New York City ist die größte Stadt der USA und eine der größten der Welt. Über 7 Millionen Menschen leben hier. Nirgendwo gibt es so viele Wolkenkratzer wie in dieser Riesenstadt, die auch eines der wichtigsten Zentren für Kunst, Kultur und Handel ist. Der Hafen von New York gehört zu den größten der Welt. Auf der Karte siehst du einen Teil der Insel Manhattan, dem Mittelpunkt der Stadt.

Dieses ungewöhnliche Gebäude ist das Guggenheim Museum für moderne Kunst. Hier sieht man die Bilder an, während man eine spiralförmige Rampe hinuntergeht.

Den Central Park nennt man auch die »Lunge von New York«, weil dort im Unterschied zum übrigen Stadtgebiet viele Bäume wachsen. Hier kannst du joggen, ein Picknick machen oder den neuen Zoo besuchen.

Zum Spielwarenladen Schwartz gehört ein Uhrenturm mit einem Gesicht, das singt und mit den Augen rollt.

Das Chrysler-Hochhaus mit seinem eigentümlichen spitzen Stahldach wurde für die große amerikanische Autofirma Chrysler erbaut.

Vor dem Gebäude der Vereinten Nationen sind die Flaggen aller Mitgliedsländer in alphabetischer Reihenfolge gehißt.

Bei der Filmvorführung im Hayden-Planetarium hast du das Gefühl, du wärst mitten im Weltraum.

Im Naturgeschichtlichen Museum gibt es lebensgroße Modelle von Dinosauriern und einem Blauwal.

Hier ist im Sommer ein Restaurant und im Winter eine Schlittschuhbahn.

Vom Pier 83 kannst du eine Bootsfahrt um Manhattan machen. Du bekommst einen guten Eindruck von der Stadt und passierst 20 Brücken.

Die Stellen mit dem roten Stern ⭐ bieten einen besonders interessanten Ausblick.

Macy's ist das größte Kaufhaus der Welt. Am »Thanksgiving Day« findet ein Straßenumzug von Macys mit riesigen Luftballon-Comicfiguren statt.

Nimm den Aufzug auf das Empire State Building, von wo du einen herrlichen Blick über die Stadt hast. Auf diesen Wolkenkratzer, der lange Zeit der höchste der Welt war, hatte sich das Monster in dem Film »King Kong« geflüchtet.

Die ersten Bewohner Manhattans waren Indianer. Der Holländer Peter Minnewit kaufte ihnen die Insel 1626 im Tausch gegen Stoffe und Schmuck ab und nannte sie Neu-Amsterdam. 1664 wurde sie von den Briten eingenommen und in New York umbenannt.

Im Kinderzoo in der Bronx erfährst du etwas über das Leben der Tiere auf einmalige Art. Du kannst z.B. in einem riesigen Spinnennetz herumklettern oder mit zwei »Fuchsohren« in die Welt horchen.

Baseball ist in den USA eine sehr beliebte Sportart. Das Yankee-Stadion ist das Zuhause der New York Yankees, eines der bekanntesten Baseball-Teams.

New York als Ganzes

Hier siehst du alle fünf New Yorker Stadt-Strecken fahren die weite und berühmte Stadtteile. Wenn du am besten alle Stadtteile besichtigen willst, nimmst du die U-Bahn. Sie verbindet sie miteinander. Der Bundesstaat, in dem New York liegt, heißt die Riesenstadt New York! übrigens auch New York.

BRONX
MANHATTAN
QUEENS
BROOKLYN
STATEN ISLAND

Die meisten Straßen verlaufen schnurgerade in Längs- oder Querrichtung und sind numeriert.

Für Hungrige gibt es an den Straßenständen alle möglichen Leckereien zu kaufen, z. B. »pretzels«.

South Street Seaport war früher einmal eine Schiffsanlegestelle. Heute ist dort ein Museum, wo du dir zeigen lassen kannst, was die Matrosen auf den großen Seglern alles beherrschen mußten.

Von der Brooklyn Bridge aus, einer Hängebrücke, hast du bei Sonnenuntergang einen schönen Blick auf die City und den East River.

Die Zwillingstürme des Welthandelszentrums sind die höchsten Gebäude in New York und sehr gute Aussichtspunkte. Ein Seiltänzer ist einmal ohne Sicherheitsnetz auf dem Seil von dem einen zum anderen Turm balanciert!

Die Wall Street ist das Banken- und Finanzzentrum der USA.

Die Freiheitsstatue im Hafen von New York begrüßte Millionen von Auswanderern in ihrer neuen Heimat. Sie ist ein Symbol der Freiheit. Eine Treppe im Inneren führt bis hinauf in die Krone.

Neu-England

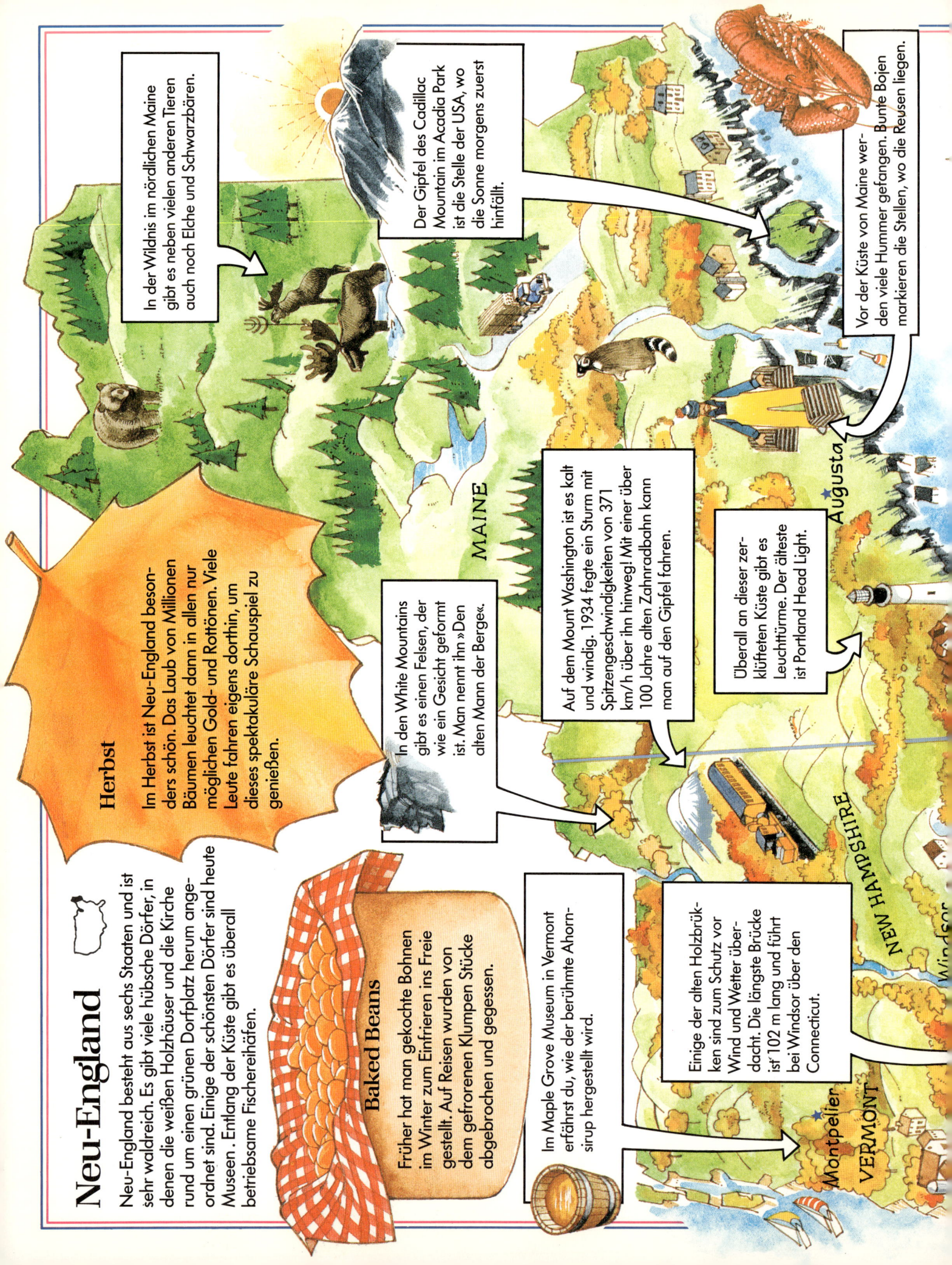

Neu-England besteht aus sechs Staaten und ist sehr waldreich. Es gibt viele hübsche Dörfer, in denen die weißen Holzhäuser und die Kirche rund um einen grünen Dorfplatz herum angeordnet sind. Einige der schönsten Dörfer sind heute Museen. Entlang der Küste gibt es überall betriebsame Fischereihäfen.

Herbst

Im Herbst ist Neu-England besonders schön. Das Laub von Millionen Bäumen leuchtet dann in allen nur möglichen Gold- und Rottönen. Viele Leute fahren eigens dorthin, um dieses spektakuläre Schauspiel zu genießen.

Baked Beans

Früher hat man gekochte Bohnen im Winter zum Einfrieren ins Freie gestellt. Auf Reisen wurden von dem gefrorenen Klumpen Stücke abgebrochen und gegessen.

In der Wildnis im nördlichen Maine gibt es neben vielen anderen Tieren auch noch Elche und Schwarzbären.

Der Gipfel des Cadillac Mountain im Acadia Park ist die Stelle der USA, wo die Sonne morgens zuerst hinfällt.

Vor der Küste von Maine werden viele Hummer gefangen. Bunte Bojen markieren die Stellen, wo die Reusen liegen.

In den White Mountains gibt es einen Felsen, der wie ein Gesicht geformt ist. Man nennt ihn »Den alten Mann der Berge«.

Auf dem Mount Washington ist es kalt und windig. 1934 fegte ein Sturm mit Spitzengeschwindigkeiten von 371 km/h über ihn hinweg! Mit einer über 100 Jahre alten Zahnradbahn kann man auf den Gipfel fahren.

Überall an dieser zerklüfteten Küste gibt es Leuchttürme. Der älteste ist Portland Head Light.

Im Maple Grove Museum in Vermont erfährst du, wie der berühmte Ahornsirup hergestellt wird.

Einige der alten Holzbrücken sind zum Schutz vor Wind und Wetter überdacht. Die längste Brücke ist 102 m lang und führt bei Windsor über den Connecticut.

MAINE

Augusta

NEW HAMPSHIRE

Montpelier

VERMONT

BOSTON

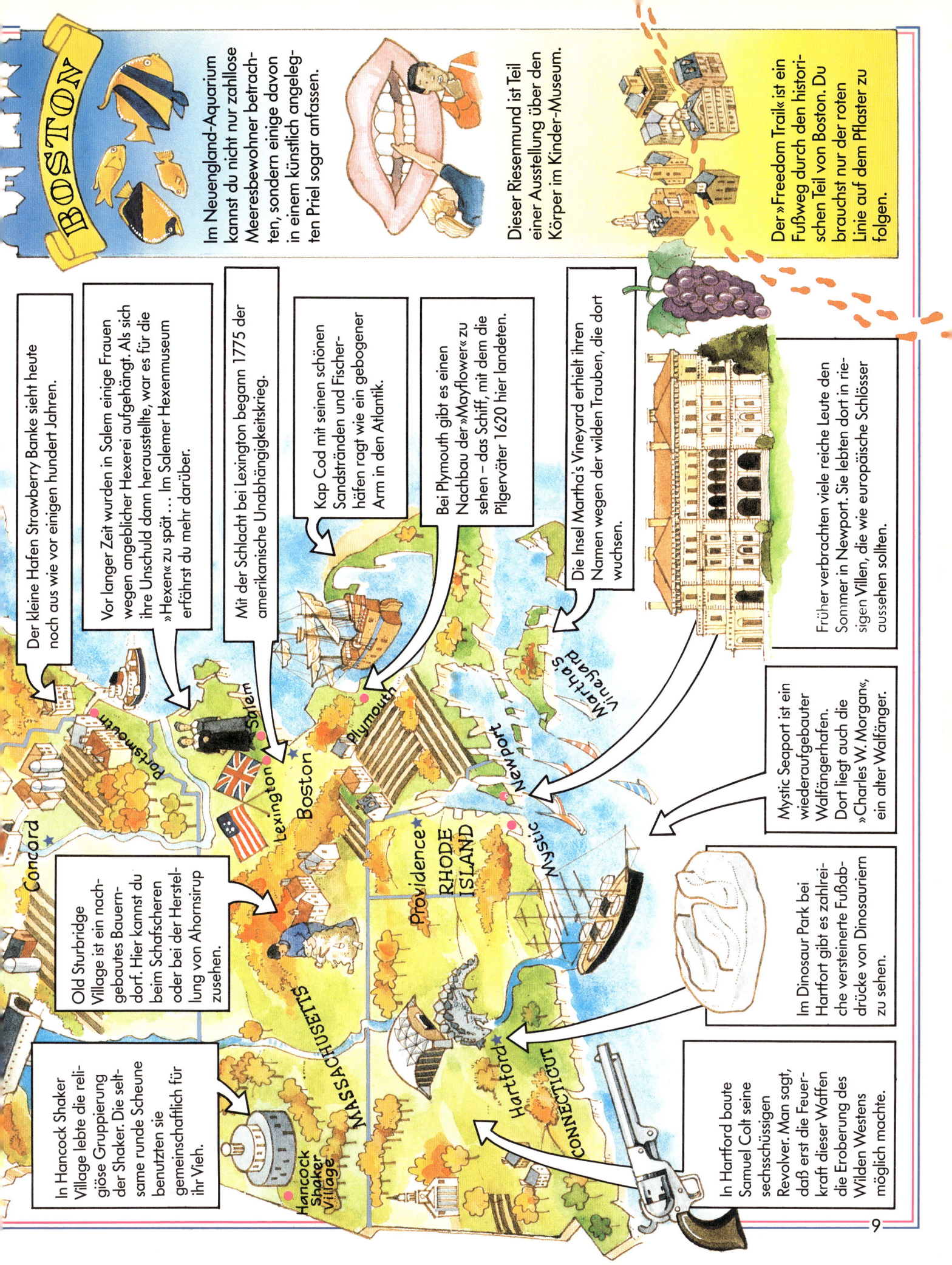

Im Neuengland-Aquarium kannst du nicht nur zahllose Meeresbewohner betrachten, sondern einige davon in einem künstlich angelegten Priel sogar anfassen.

Dieser Riesenmund ist Teil einer Ausstellung über den Körper im Kinder-Museum.

Der »Freedom Trail« ist ein Fußweg durch den historischen Teil von Boston. Du brauchst nur der roten Linie auf dem Pflaster zu folgen.

Der kleine Hafen Strawberry Banke sieht heute noch aus wie vor einigen hundert Jahren.

Vor langer Zeit wurden in Salem wegen angeblicher Hexerei aufgehängt. Als sich ihre Unschuld dann herausstellte, war es für die »Hexen« zu spät … Im Salemer Hexenmuseum erfährst du mehr darüber.

Mit der Schlacht bei Lexington begann 1775 der amerikanische Unabhängigkeitskrieg.

Kap Cod mit seinen schönen Sandstränden und Fischerhäfen ragt wie ein gebogener Arm in den Atlantik.

Bei Plymouth gibt es einen Nachbau der »Mayflower« zu sehen – das Schiff, mit dem die Pilgerväter 1620 hier landeten.

Die Insel Martha's Vineyard erhielt ihren Namen wegen der wilden Trauben, die dort wuchsen.

Früher verbrachten viele reiche Leute den Sommer in Newport. Sie lebten dort in riesigen Villen, die wie europäische Schlösser aussehen sollten.

Mystic Seaport ist ein wiederaufgebauter Walfängerhafen. Dort liegt auch die »Charles W. Morgan«, ein alter Walfänger.

In Hancock Shaker Village lebte die religiöse Gruppierung der Shaker. Die seltsame runde Scheune benutzten sie gemeinschaftlich für ihr Vieh.

Old Sturbridge Village ist ein nachgebautes Bauerndorf. Hier kannst du beim Schafscheren oder bei der Herstellung von Ahornsirup zusehen.

Im Dinosaur Park bei Hartfort gibt es zahlreiche versteinerte Fußabdrücke von Dinosauriern zu sehen.

In Hartford baute Samuel Colt seine sechsschüssigen Revolver. Man sagt, daß erst die Feuerkraft dieser Waffen die Eroberung des Wilden Westens möglich machte.

Concord · Portsmouth · Salem · Lexington · Boston · Plymouth · Martha's Vineyard · Newport · Mystic · Providence · RHODE ISLAND · MASSACHUSETTS · Hancock Shaker Village · Hartford · CONNECTICUT

Mittelatlantische Staaten

Hier liegt der »Geburtsort« der Vereinigten Staaten. Die Unabhängigkeitserklärung, mit der sich der neue Staat von England lossagte, wurde am 4. Juli 1776 in Philadelphia unterzeichnet. Ein Großteil der Amerikaner lebt in diesen Staaten.

WASHINGTON D.C.

Washington D.C. ist die Hauptstadt der USA. Sie ist nach George Washington benannt, dem ersten Präsidenten. D.C. steht für District of Columbia. Das ist der Bezirk, in dem die Stadt liegt.

Das Weiße Haus ist der Amts- und Wohnsitz des Präsidenten. Hier haben alle Präsidenten gewohnt außer George Washington, der starb, bevor das Haus fertig war.

In diesem Gebäude arbeitet die amerikanische Bundespolizei FBI (Federal Bureau of Investigation) an der Aufklärung besonders schwerer Straftaten.

Im Luft- und Raumfahrtmuseum kannst du viele berühmte Flugzeugtypen und Raketen aus der Nähe betrachten oder spannende Filme über Expeditionen ins Weltall anschauen.

Das Lincoln-Denkmal erinnert an Präsident Abraham Lincoln. An der Wand gegenüber der Statue sind seine Reden eingemeißelt.

Mit dem Jefferson-Denkmal wird Präsident Thomas Jefferson geehrt. Er hat die Unabhängigkeitserklärung verfaßt.

Im Kapitol mit seiner großen Eisenkuppel tagt der Kongreß mit den Abgeordneten der einzelnen Bundesstaaten. Kein Gebäude der Stadt darf höher sein als dieses.

Der Arlington Cemetery bei Washington ist ein alter Soldatenfriedhof. Viele berühmte Leute liegen hier, so z.B. der ehemalige Präsident John F. Kennedy.

Das bekannte Pferderennen Kentucky Derby findet jedes Jahr im Mai in Louisville statt.

Der Jäger und Fallensteller Daniel Boone führte die ersten Siedler über die Appalachen. Der Durchgang, den er fand, heißt Cumberland Gap.

Aus Kentucky kommt das Blaugras. Es hat einen bläulichen Schimmer und soll Pferden besonders gut schmecken.

Mammoth Cave ist das längste Höhlensystem der Welt.

Die Niagara-Fälle zählen zu den größten Wasserfällen der Welt. Die Grenze USA – Kanada verläuft durch sie hindurch. Annie Taylor ließ sich 1903 in einem Faß die Fälle hinuntertreiben.

In Lake Placid haben schon zweimal die Olympischen Winterspiele stattgefunden.

Bevor es die Eisenbahn gab, beförderten Schiffe Waren von Osten nach Westen auf dem Erie-Kanal.

Eine Indianerlegende behauptet, diese Seen, Fingerseen genannt, seien Gottes Handabdruck auf der Erde. Besonders schön ist die Schlucht bei Watkins Glen.

Alles über Baseball erfährst du in der Baseball Hall of Fame in Cooperstown.

In Philadelphia hängt die Freiheitsglocke, die nach dem Verlesen der Unabhängigkeitserklärung geläutet worden war. Sie bekam später einen Sprung und ist seit 1843 nicht mehr erklungen.

Die Anhänger der religiösen Bewegung der Amischen in Lancaster County leben heute noch wie vor hundert Jahren ohne Strom, Autos und jegliche moderne Technik. Sie sind geschickte Farmer.

Hershey ist eine »Schokoladenstadt«; viele Leute dort leben von der Süßwarenindustrie. Alle Straßenlaternen der Stadt sehen wie riesige Schokoladentafeln oder Pralinen aus.

In Atlantic City gibt es zahlreiche Spielcasinos.

Die alte Stadt Cape May wurde 1876 nach einem Feuer wieder aufgebaut. Deshalb stammen fast alle der hübsch verzierten Holzhäuser aus dieser Zeit.

Die Schlacht von Gettysburg 1863 war ein Wendepunkt des Bürgerkrieges. Hier begann der Sieg der Unionstruppen über die Südstaatler. Das Schlachtfeld kann man heute noch besichtigen.

In Delaware wurde 1938 das Nylon erfunden, einer der ersten Kunststoffe. Nylon ist sehr haltbar und vielseitig verwendbar.

Überall in West-Virginia gibt es Kohlenbergwerke. Einige davon kann man besichtigen.

Eine der Hauptattraktionen im Aquarium von Baltimore sind die Haie.

Auf der Insel Assateague leben Wildpferde. Jedes Jahr im Juli wird eine kleine Herde bei Ebbe durchs seichte Wasser über die Bucht nach Virginia getrieben und dort versteigert.

Südstaaten I

Diese Gegend war eine der ersten, die von Europäern besiedelt wurde. Lange Zeit bildeten die schroffen Berge der Appalachen im Westen ein unüberwindliches Hindernis. Überall stößt man hier auf alte Städte und historische Orte aus dem Bürgerkrieg.

Der Bürgerkrieg

Der Streit zwischen Nord- und Südstaaten, vor allem um die Frage der Sklaverei, spitzte sich immer mehr zu, so daß einige die Südstaaten schließlich aus der Union austraten und ihren eigenen Bund gründeten, die Konföderation. 1861 kam es zum Sezessionskrieg.

Die Kämpfe begannen am 12. April 1861 mit der Einnahme von Fort Sumter durch konföderierte Truppen. Das Fort liegt auf einer Insel vor dem Hafen von Charleston.

Während des Krieges war Richmond die Hauptstadt der Konföderation. Auf der Monument Avenue stehen heute noch die Statuen von Kriegshelden der Südstaatler.

Der Bürgerkrieg endete 1865, als sich Robert E. Lee, der Oberbefehlshaber der Südstaatenarmee, in Appomattox ergab.

Im Confederate Museum in Richmond siehst du Waffen, Uniformen und andere Gegenstände aus dem Bürgerkrieg.

Diese Flaggen markieren Charleston, Richmond und Appomattox auf der Karte.

Pocahontas

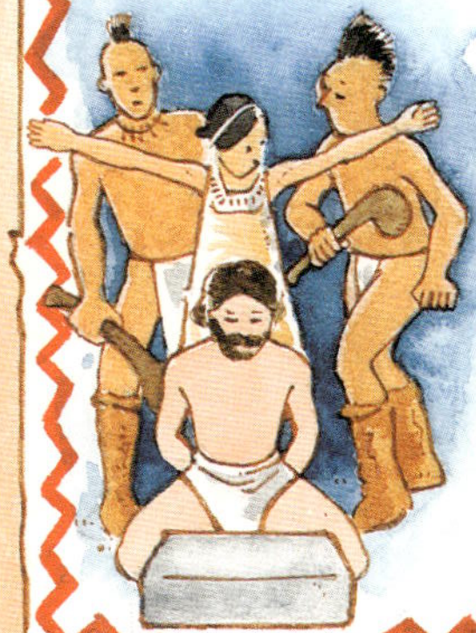

Die Indianerin Pocahontas rettete dem englischen Händler John Smith das Leben, als ihn einige Indianer in Jamestown töten wollten. Später heiratete sie einen anderen Engländer, mit dem sie nach England ging.

Blackbeard

Dieser berüchtigte Pirat mit dem langen schwarzen Bart plünderte mit seiner Mannschaft Schiffe vor der Küste von Nord-Carolina. Nach Jahren konnte ihn die Marine vor der Insel Ocracoke stellen, wo er im Kampf fiel.

George Washington, der erste amerikanische Präsident, lebte in diesem Haus in Mount Vernon, zu dem auch eine riesige Farm gehörte.

Präsident Jefferson war Architekt. Sein Haus ließ er nach eigenen Plänen errichten. Von ihm stammen auch viele Geräte, z.B. diese Schreibmaschine, die beim Schreiben gleich eine Kopie mitliefert.

Williamsburg wurde so wieder hergerichtet, wie es vor über 200 Jahren aussah. Flickschuster, Perückenmacher und andere Handwerker bevölkern die Straßen in Kostümen aus dem 18. Jahrhundert.

In Jamestown liegen Nachbauten der Schiffe, die 1607 die ersten auf Dauer erfolgreichen Siedler von England brachten.

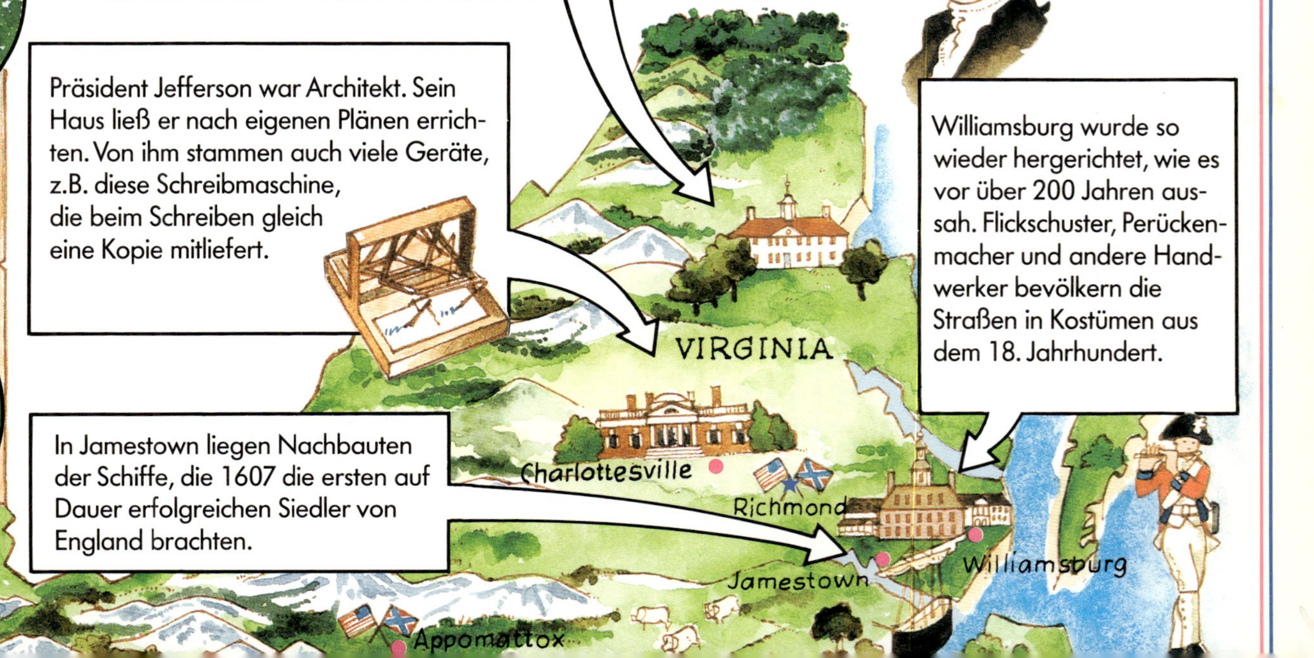

VIRGINIA

Charlottesville • Richmond
Jamestown
Williamsburg
Appomattox

Kitty Hawk

Roanoke

Ocracoke

Raleigh

NORD-CAROLINA

Columbia

SÜD-CAROLINA

Charleston

Savannah

Cherokee

Atlanta

Ashburn

GEORGIA

1903 starteten die Brüder Wright in Kitty Hawk zum ersten Motorflug. Von ihrem Flugzeug gibt es noch ein Modell.

1587 schickte der Entdecker Walter Raleigh Leute auf die Insel Roanoke, um dort eine Siedlung zu gründen. Drei Jahre später waren sie spurlos verschwunden. Niemand weiß, was mit ihnen geschah.

Um die Zerstörung der Küste durch Wasser und Wind zu verhindern – erst 1989 tobte hier wieder ein schlimmer Hurrikan – pflanzt man Strandhafer. Seine starken Wurzeln festigen den Boden.

Die vielen Blautannen auf den Blue Ridge Mountains lassen die Berge aus der Entfernung blau erscheinen.

In Charleston gibt es noch viele alte Häuser. Hier kann man in einer Pferdekutsche durch die engen, gepflasterten Straßen fahren.

Südstaaten-Küche

Dies sind nur einige Beispiele für typische Südstaaten-Gerichte:

»Grits« ist eine Grütze aus fein gemahlenem Maismehl.

»Southern Fried Chicken« ist paniertes, knuspriges Huhn.

Maismehl wird auch häufig zum Brotbacken benutzt.

In der Gegend von Savannah wächst auf vielen Bäumen Spanisches Moos oder »Greisenbart«; oft hängt es in meterlangen Büscheln von den Ästen.

Die Cherokee-Indianer waren einst die Herren dieses Landstrichs. Heute leben die letzten Angehörigen dieses Stammes in der Cherokee-Indianer-Reservation.

In die Felswand des Stone Mountain sind Skulpturen von Anführern der konföderierten Armee eingemeißelt.

Martin Luther King war ein schwarzer Pfarrer aus Atlanta, der sich für die Aufhebung der Rassentrennung einsetzte und für Schwarze die gleichen Rechte forderte wie für die Weißen. Er wurde deswegen 1968 ermordet; sein Grab ist in Atlanta.

Das Cyclorama ist ein riesiges Wandgemälde, das die Bürgerkriegsschlacht um Atlanta zeigt.

In Georgia werden auf riesigen Plantagen Erdnüsse angebaut. Vor der Stadt Ashburn steht das Modell einer 3 m großen Erdnuß.

In den Okefenokee-Sümpfen leben Schwarzbären und Alligatoren.

13

Florida

Florida wird auch »Sonnenschein-Staat« genannt. Viele Leute verbringen wegen des warmen Wetters den Winter hier. Doch nicht immer scheint die Sonne; Florida ist auch der Staat, in dem es immer wieder verheerende Hurrikane gibt.

Nacheinander gehörte die Stadt Pensacola zu Spanien, England, Frankreich, der Konföderation und den USA. Deshalb nennt man sie auch die »Stadt der fünf Flaggen«.

Die »Blue Angels«, eine Kunstflugtruppe, zeigt ihr Können auf der Marine-Fliegerbasis.

Im Frühling kommen Baseball-Teams aus den ganzen USA zum Training nach Florida.

VERGNÜGUNGSPARKS

In Florida gibt es viele Vergnügungsparks. Außer »Busch Gardens« liegen alle hier aufgeführten Parks bei Orlando.

Im Safaripark »Busch Gardens« in Tampa kann man afrikanisches Großwild sehen.

»Wet'n Wild« hat einen Pool mit künstlichen Wellen zum Surfen.

Im »Boardwalk and Baseball« können Baseball-Fans sich im Spiel üben.

In »Places of Learning« kannst du auf einer Riesenlandkarte die USA zu Fuß durchwandern.

Diese Einschienenbahn fährt durch Disney World, den größten Vergnügungspark der Welt. Neben den Disney-Figuren gibt es noch das Westernland, die Märchen- und Zukunftswelt und vieles mehr zu sehen.

Tarpon Springs ist ein Fischerort, in dem viele Griechen leben. Einige von ihnen tauchen nach Schwämmen, die sie dort verkaufen.

Dieser Fischer fängt Krabben. Er ist nur an ihren großen Scheren interessiert und wirft die Tiere wieder zurück ins Wasser, wo ihnen neue Scheren wachsen.

Viele Muschelsammler kommen auf die Insel Sanibel. Dort gibt es über 400 verschiedene Muschelarten.

Die Inseln auf der Seite gegenüber im Süden der Halbinsel heißen Florida Keys. Dort kannst du in Booten mit gläsernem Boden die farbenprächtigen tropischen Fische bei den Korallenriffen bewundern.

Filmstudios

Manche Filmstudios kann man während der Dreharbeiten besichtigen. Dabei erfährst du sicher eine Menge Filmtricks!

St. Augustine ist die älteste Stadt der USA. Die meisten Häuser sind aus »Coquina« erbaut; das ist ein Kalkstein, der aus Muscheln und Korallen hergestellt wird.

In Daytona finden Autorennen statt. Viele Leute fahren leider auch auf dem Strand.

Von dieser drehbaren Plattform hast du hoch in der Luft einen tollen Blick über den Cypress Gardens Park.

Der Entdecker

Der Spanier Ponce de León entdeckte Florida am Ostermorgen 1513 auf der Suche nach dem sagenhaften Jungbrunnen. Er nannte das Land »Pasqua Florida«, das heißt »Osterblüte«.

In diesem Teil Floridas wachsen unzählige Orangenbäume.

Thomas Edison, der Erfinder der Glühbirne, wollte in seiner Heimatstadt Fort Myers elektrisches Licht einführen. Das wurde ihm verboten, aus Angst, das Vieh könnte dann nachts nicht mehr schlafen.

Alle bemannten amerikanischen Raumflüge starten vom Kennedy-Raumfahrtzentrum, wo du auch Astronauten beim Training zusehen oder mal einen Raumanzug anprobieren kannst.

Bei Melbourne kommen Riesenschildkröten zur Eiablage an den Strand. Einige werden bis zu 350 kg schwer.

Die Everglades sind eine Sumpflandschaft mit vielen tropischen Tier- und Pflanzenarten wie Alligatoren, Schlangen und seltenen Vögeln.

Miami ist der Haupt-Urlaubsort in Florida. »Kokosnußwächter« passen auf, daß den Touristen keine Kokosnüsse auf den Kopf fallen.

»Key Lime Pie« ist eine Torte aus den kleinen gelben Limonen von der Insel Key West.

Mel Fishers Schatzausstellung auf Key West zeigt Gold aus versunkenen Schiffen.

Die Seminolen

In den Everglades lebt der Indianerstamm der Seminolen in offenen, strohgedeckten Hütten, die man »chickees« nennt.

Südstaaten II

Überall in den Südstaaten gab es große Baumwoll-Plantagen. Um die Arbeit leichter und billiger zu bewältigen, ließ man in Afrika einfach Menschen einfangen und zwang sie, auf den Farmen im Süden der USA als Sklaven zu arbeiten.

Heute gibt es keine Sklaven mehr, doch ihre Nachkommen leben oft immer noch in bitterer Armut.

NEW ORLEANS

Vor über 100 Jahren entstand in New Orleans der Jazz. Auch heute gibt es dort noch viele Jazzbands.

In New Orleans heißt der Faschingsdienstag »Mardi Gras«. Da geht es dann mit Verkleidungen und Straßenumzügen hoch her.

Im French Quarter, dem französichen Viertel, lebten einst französische Einwanderer. Deshalb sieht es dort zum großen Teil aus wie in Frankreich.

New Orleans ist eine der wenigen Städte der USA, wo es noch Straßenbahnen gibt.

Diese riesige Statue, der »Christ of the Ozarks«, steht in den Ozark-Mountains. Sie ist so hoch wie ein siebenstöckiges Haus.

Im Ozark Folk Center kannst du typische Musik aus dieser Gegend hören und Handarbeiten von dort anschauen.

Der Crater of Diamonds Park ist die einzige Stelle in den USA, wo man Diamanten finden kann. Gegen eine Gebühr darfst du danach suchen und behalten, was du entdeckst.

Robert de Salle, ein französischer Forscher, fuhr den Mississippi hinab und beanspruchte das Land im Süden für Frankreich.

Vor fast 100 Jahren wurde in Vicksburg zum erstenmal Coca-Cola in Flaschen abgefüllt. Im Biedenharn Candy Museum siehst du, wie das damals funktionierte.

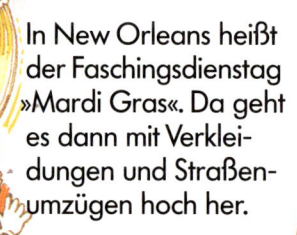

Bei Natchez steht dieses eigenartige achteckige Haus, »Longwood« genannt.

Mit einem Raddampfer kannst du eine Mississippi-Tour machen.

»Bayous« sind versumpfte Nebenarme des Mississippis, in denen viele Alligatoren leben.

Im Mississippi River Museum kannst du in einem großen Modell des Flusses herumspazieren. So erkennst du, wie der Fluß aus der Luft aussieht.

Nashville ist die Hauptstadt der Country-Musik. In der Country Music Hall of Fame erfährst du alles über bekannte Country-Sänger.

Im Vergnügungspark Opryland wird jede Art amerikanischer Musik geboten.

Im Museum von Appalachia lernst du vieles über das Leben der Bergbewohner. Dort stehen auch noch Blockhütten und ein altes Schulhaus.

In der Villa »Graceland« lebte der Rock'n Roll-Sänger Elvis Presley.

Im Juli beim Indianerfest in Philadelphia spielen Choctaw-Indianer »Stickball«, ein altes indianisches Ballspiel.

Möchtest du mal am Kontrollpult für eine Raumfähre sitzen? Das ist im Raumfahrt-Zentrum in Huntsville möglich, wo du dir die Schaltzentrale ansehen kannst!

Herrensitze

Vor dem Bürgerkrieg lebten die reichen Pflanzer des Südens auf prunkvollen Herrensitzen, auch Antebellum-Villen genannt. Antebellum bedeutet »vor dem Krieg«. Die riesige Villa auf dem Bild heißt »Nottaway« und hat 64 Räume.

Die Bürgerrechtsbewegung der schwarzen Amerikaner, die gleiche Rechte für Schwarze und Weiße forderten, entstand in Montgomery, nachdem eine schwarze Frau verhaftet worden war, weil sie sich geweigert hatte, ihren Sitz im Bus einem Weißen zu überlassen.

Nachdem Baumwollkapselkäfer einmal die gesamte Baumwollernte vernichtet hatten, pflanzten die Farmer im nächsten Jahr stattdessen Erdnüsse an – und verdienten damit mehr Geld! Daraufhin errichteten sie diese Statue.

Die Krabbenfischer von Biloxi halten im Juli eine große Zeremonie ab, bei der sie die Schiffe segnen lassen und um einen guten Fang bitten.

Die Cajuns

Cajuns sind Nachfahren französischer Auswanderer, die wegen religiöser Verfolgung ihre Heimat verließen und zuerst in Kanada, später in den unwegsamen Bayous von Louisiana siedelten. Viele sprechen heute noch ein altmodisches Französisch. Sie haben ihre eigene traditionelle Musik und kochen sehr scharfe Gerichte.

Die Großen Seen

Die fünf Seen Oberer See, Huron-See, Michigan-See, Erie-See und Ontario-See nennt man auch die Großen Seen. Sie zählen zu den größten der Welt. Nur der Michigan-See gehört ganz zu den USA; durch die anderen verläuft die Grenze zu Kanada. Alle Staaten, die du hier siehst, liegen an einem der Seen. Außerdem gibt es in dieser Gegend noch unzählige kleinere Gewässer.

Paul Bunyan ist eine Sagengestalt, ein riesiger Holzfäller, um den sich viele Märchen und Legenden ranken. In Bemidji gibt es ein Standbild von ihm und Babe, seinem blauen Ochsen.

Im Itasca-Park entspringt der Mississippi, der größte Fluß Nordamerikas. Er ist rund 3800 km lang und mündet bei New Orleans in den Golf von Mexiko.

Im Winter-Karneval von St. Paul gibt es Wettbewerbe im »Eisschnitzen«.

Im Steinbruch des Pipestone Monument wird der rote Stein gewonnen, aus dem die Indianer ihre Friedenspfeifen herstellen.

Im Winter ist es in Minnesota so kalt, daß oft sogar die Schulen geschlossen werden. In Minneapolis gibt es deshalb überdachte, beheizbare Durchgänge zwischen den Häusern.

Das Felsenhaus in Spring Green ist in die natürlichen Formen eines Felsens hinein gebaut. Eines der vielen Fenster befindet sich im Boden – mit Blick auf das weit unten liegende Tal.

CHICAGO

Chicago ist die drittgrößte Stadt der USA und ein wichtiger Verkehrsknotenpunkt. Es ist nicht nur eine bedeutsame Industrie-Metropole, sondern auch der größte Umschlagplatz für Vieh und Getreide in den USA.

Eine Chicagoer Spezialität ist die »Deep Dish Pizza« mit dickem Boden und viel Käse.

Überall in Wisconsin gibt es Käse-Fabriken. Viele davon können besichtigt werden.

Der Sears Tower ist mit 443 m das höchste Gebäude der Welt. Von der Spitze aus kannst du an klaren Tagen die vier umliegenden Staaten sehen: Illinois, Indiana, Michigan und Wisconsin.

Im Museum für Industrie und Wissenschaft hat man eine Kohlenzeche nachgebaut.

Einige U-Bahnlinien verlaufen nicht unter, sondern auf Stützen über der Erde.

Früher lief das Vieh frei auf den weiten Wiesen herum, bis ein Farmer aus Illinois den Stacheldraht erfand. Nun kann man es auf einem kleinen Areal halten.

Präsident Abraham Lincoln war früher Anwalt in Springfield. Unter seiner Regierung gewannen die Nordstaaten den Bürgerkrieg und beendeten die Sklaverei.

Weil es dort so viele Seen gibt, heißt Minnesota auch das »Land der 10 000 Seen«. In Wirklichkeit sind es sogar noch mehr!

Die 8 km lange Mackinac-Brücke verbindet die beiden Teile Michigans.

Die Indianer der östlichen Waldgebiete

In den Wäldern des Ostens lebten verschiedene Indianerstämme an Seen und Flüssen. Für die Jagd, zum Fischen und Handeltreiben bauten sie Kanus aus Birkenrinde. Einige Stämme lebten auch in Hütten aus Birkenrinde, den Wigwams.

Auf der Insel Mackinac sind Autos verboten. Besucher müssen zu Fuß, zu Pferd, mit Kutsche oder Fahrrad reisen.

Deutsche Auswanderer brachten die Bierbrauerkunst in die USA. Viele lebten in Milwaukee, und die Stadt wurde bekannt für ihr Bier.

In dieser Gegend siedelten besonders viele Holländer, und so heißt denn auch die Stadt mit der 200 Jahre alten Windmühle Holland.

Detroit ist die Autostadt der USA. Das erste Auto wurde hier 1896 von Henry Ford gebaut. Sein »Ford T« hatte den Spitznamen »Tin Lizzy« (Blech-Liesel), war billig und sehr beliebt.

Bei den berühmten Autorennen von Indianapolis jagen die Fahrzeuge mit mehr als 300 km/h über die Bahn.

Das Wyandotte Popcorn Museum hat eine Sammlung alter Popcorn-Maschinen. Natürlich gibt's da auch jede Menge frisches Popcorn!

In Indianapolis befindet sich das größte Kindermuseum der Welt mit alten Karussells und kilometerlangen Modelleisenbahnen.

Im King's Island-Vergnügungspark in Mason steht das »Biest«, die längste Achterbahn der Welt.

Die Prärie

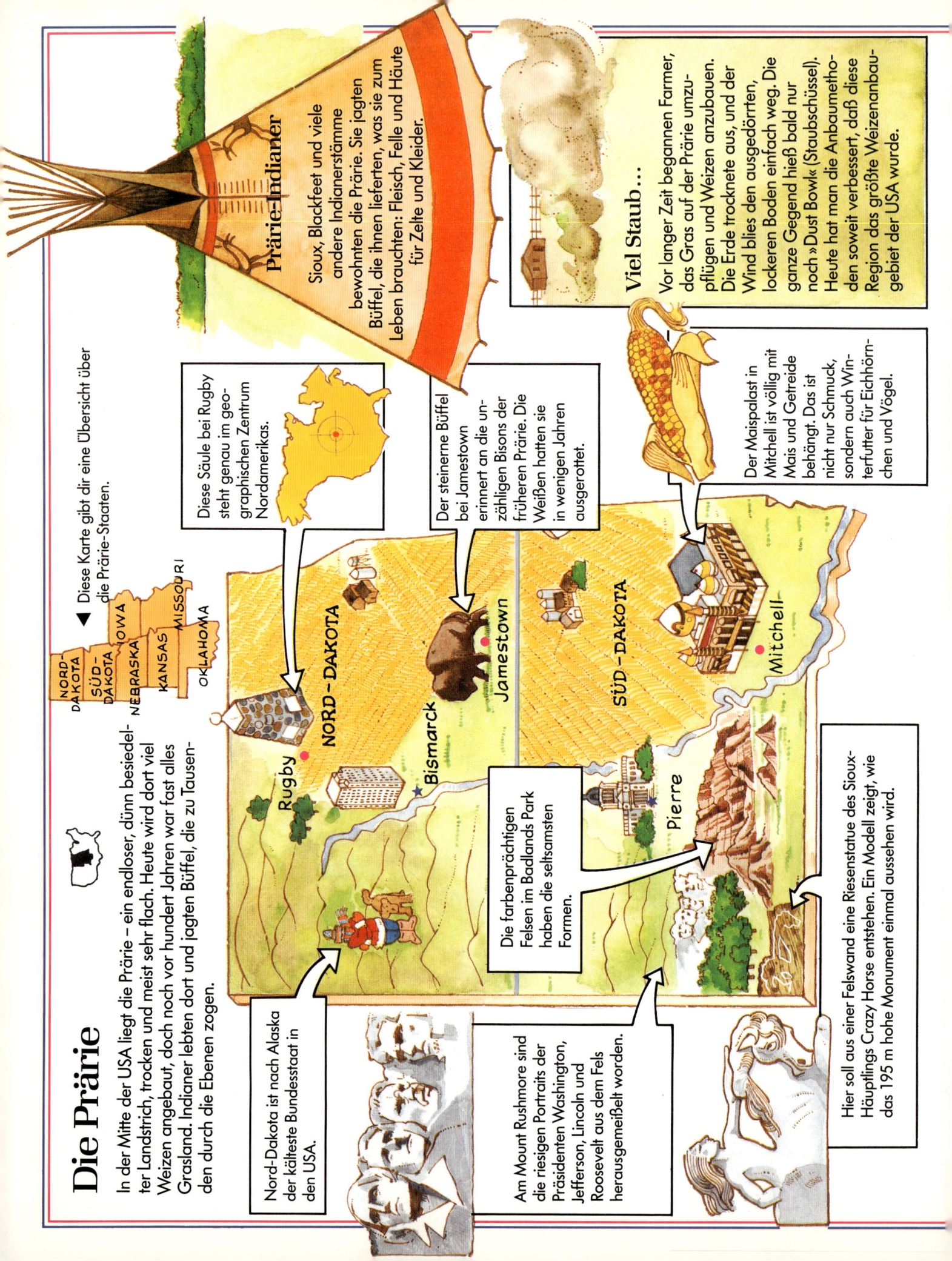

In der Mitte der USA liegt die Prärie – ein endloser, dünn besiedelter Landstrich, trocken und meist sehr flach. Heute wird dort viel Weizen angebaut, doch noch vor hundert Jahren war fast alles Grasland. Indianer lebten dort und jagten Büffel, die zu Tausenden durch die Ebenen zogen.

▶ Diese Karte gibt dir eine Übersicht über die Prärie-Staaten.

Prärie-Indianer

Sioux, Blackfeet und viele andere Indianerstämme bewohnten die Prärie. Sie jagten Büffel, die ihnen lieferten, was sie zum Leben brauchten: Fleisch, Felle und Häute für Zelte und Kleider.

Viel Staub...

Vor langer Zeit begannen Farmer, das Gras auf der Prärie umzupflügen und Weizen anzubauen. Die Erde trocknete aus, und der Wind blies den ausgedörrten, lockeren Boden einfach weg. Die ganze Gegend hieß bald nur noch »Dust Bowl« (Staubschüssel). Heute hat man die Anbaumethoden soweit verbessert, daß diese Region das größte Weizenanbaugebiet der USA wurde.

Diese Säule bei Rugby steht genau im geographischen Zentrum Nordamerikas.

Der steinerne Büffel bei Jamestown erinnert an die unzähligen Bisons der früheren Prärie. Die Weißen hatten sie in wenigen Jahren ausgerottet.

Der Maispalast in Mitchell ist völlig mit Mais und Getreide behängt. Das ist nicht nur Schmuck, sondern auch Winterfutter für Eichhörnchen und Vögel.

Nord-Dakota ist nach Alaska der kälteste Bundesstaat in den USA.

Am Mount Rushmore sind die riesigen Portraits der Präsidenten Washington, Jefferson, Lincoln und Roosevelt aus dem Fels herausgemeißelt worden.

Die farbenprächtigen Felsen im Badlands Park haben die seltsamsten Formen.

Hier soll aus einer Felswand eine Riesenstatue des Sioux-Häuptlings Crazy Horse entstehen. Ein Modell zeigt, wie das 195 m hohe Monument einmal aussehen wird.

Die Amana-Kolonie besteht aus sieben Dörfern. Hier hatten sich einige Leute zusammengefunden, die gemeinsam lebten, arbeiteten und alles miteinander teilten. Heute ist die Kolonie z. B. für die Herstellung von Möbeln bekannt.

In Iowa findet jedes Jahr ein Schweineruf-Wettbewerb statt. Sieger ist der Farmer, dessen Schweine zuerst bei ihm sind.

1860 wurde der Pony-Express gegründet. Reiter beförderten die Post von St. Joseph nach Sacramento in Kalifornien. Sie waren viel schneller als die Postkutschen und schafften die Strecke meist in weniger als zwei Wochen.

St. Louis galt einst als »das Tor zum Westen«. Daran erinnert heute noch der Gateway Arch, ein 192 m hoher Stahlbogen.

Die Meramec-Höhle bei Stanton war der Unterschlupf von Jesse James und seiner Bande. Sie überfielen Banken und Züge. Jesse wurde von einem Mitglied der Bande hinterrücks erschossen.

Lange Zeit war Oklahoma verbrieftes Indianerland. Doch am 22. April 1889 brach die Regierung den Vertrag und gab das Land zur Besiedelung frei. Mittags fiel der Startschuß, und am Abend hatten nach einem wüsten Ansturm 10 000 Siedler das Land besetzt.

Scotts Bluff und Chimney Rock sind steile Felsen, die unvermittelt aus der Prärie aufragen. Sie dienten den Pionieren auf dem Weg nach Oregon als Wegweiser.

Dodge City war eine wilde Stadt. Hierher trieben die Cowboys ihr Vieh aus Texas. Mit der Bahn wurde es dann in die großen Städte des Ostens transportiert. In den Bars und Spielhöllen ging es hoch her; oft gab es Schießereien.

Die Cherokees lebten im Südosten. Doch die Weißen brauchten das Land, trieben die Indianer erbarmungslos zusammen und nach Oklahoma in ein Reservat. Viele starben unterwegs an Erschöpfung. An diesen »Marsch der Tränen« erinnert die Statue.

In Anadarko steht die Statue des Indianerhäuptlings Sequoyah. Er brachte seinem Stamm Lesen und Schreiben bei.

IOWA — Des Moines, Amana-Kolonie
MISSOURI — St. Joseph, Jefferson City, St. Louis, Stanton
NEBRASKA — Lincoln, Chimney Rock
KANSAS — Topeka, Dodge City
OKLAHOMA — Oklahoma City, Anadarko

21

Texas

Texas ist nach Alaska der größte Staat der USA. Man sagt, hier sei alles größer als anderswo, sogar die Steaks und die Wirbelstürme, die Tornados. Texas ist so riesig, daß es im Norden oft schneit, während es im Süden noch glühend heiß ist. Texas gehörte früher zu Mexiko. Auch heute leben hier noch viele Mexikaner. Texaner essen gerne scharf; sehr beliebt ist »Tex-Mex«, eine Mischung aus texanischer und mexikanischer Küche.

Aus diesem Steinbruch bei Alibates holten die Indianer den bunten Feuerstein für ihre Waffen und Werkzeuge.

Diesen Teil von Texas nennt man »Panhandle« (Pfannenstiel), weil er wie der Griff einer Pfanne aus dem übrigen Staatsgebiet herausragt.

Die größte Rinderauktion der Welt findet in Amarillo statt.

Mit dem Planwagen kannst du die Gegend um den Palo Duro Canyon erkunden. Am Rande der Schlucht gibt es dann eine zünftige Cowboymahlzeit.

In trockenen Gebieten pumpen Windräder das Grundwasser herauf. Manche sind wie die texanische Flagge bemalt.

Die Indian Cliff-Ferienranch in El Paso veranstaltet Planwagenfahrten in die Wüste.

Fort Davis wurde zum Schutz für Reisende vor Indianerüberfällen gebaut. Dort kannst du dir ansehen, wie die Soldaten früher gelebt haben.

Der »Paseo del Rio« in San Antonio ist ein beliebter Spazierweg entlang dem San-Antonio-Fluß, der mitten durch die Stadt fließt.

Im Big Bend Park kannst du Wildwasserfahrten mit dem Schlauchboot durch die Schluchten des Rio Grande machen. Er bildet die Grenze zu Mexiko.

Sea World

Im Sea World Aquarium in San Antonio leben alle möglichen Meerestiere, z.B. Pinguine und Delphine. Die Lieblinge des Publikums sind die riesigen Schwertwale, die dort ihre Kunststücke zeigen.

Hier gibt es lustige Wassersportarten: Viele Leute lassen sich in aufgeblasenen Autoschläuchen den Fluß Guadelupe hinuntertreiben.

Bei Crystal City wird viel Spinat angebaut. Dort steht auch diese Statue von Popeye, dem Seemann. Er ist so stark, weil er dauernd Spinat ißt!*

*Popeye Cartoon © 1990 King Features Syndicate, Inc.

Im Museum für Geschichte und Wissenschaft von Fort Worth sind viele Dinosaurier-Skelette zu sehen. Diese beiden hier sind wohl im Kampf umgekommen.

»Six Flags Over Texas« (sechs Flaggen über Texas) war der erste von vielen Vergnügungsparks. Er heißt so, weil Texas nacheinander von sechs Staaten regiert wurde.

Die »Dallas Cowboys« sind eine der erfolgreichsten Football-Mannschaften. Zu ihnen gehört ein Team von »cheerleaders« (Mädchen, die das Publikum anfeuern).

Hier war einmal das größte Ölfeld der Welt. Städte schossen aus dem Boden und wurden später einfach wieder verlassen. Eine solche »Boomtown« hat man bei Kilgore nachgebaut.

Überall in Texas wird Öl gefördert. Diese Art Pumpen nennt man wegen ihres Aussehens »Nickende Esel«.

Das Lyndon B. Johnson Space Center in Houston ist das Kontrollzentrum für Mondflüge. Dort sind einige Apollo-Raketen zu besichtigen.

Ranches

In Texas gibt es riesige Vieh-Ranches. Auf einigen werden noch Longhorns, Rinder mit langen, geschwungenen Hörnern, gezüchtet.

Alamo war eine Mission in San Antonio. Heute ist es ein Nationaldenkmal. 1836 kämpften dort Jim Bowie, Dave Crockett und eine Handvoll Freiwilliger gegen die ganze mexikanische Armee. Die Texaner kamen alle um.

Das Astrodome in Houston war das erste vollklimatisierte Hallen-Football-Stadion der Welt.

Im Dorf Los Ebanos führt noch, wie zur Zeit der Planwagen, eine handgezogene Fähre über den Rio Grande nach Mexiko.

Spanische Missionen

In ganz Texas erbauten die Spanier Missions-Stationen, um die Indianer zum Christentum zu bekehren und zu unterrichten. Viele sind erhalten und können besichtigt werden. Hier ist die Mission San José in San Antonio abgebildet.

Die Wüste

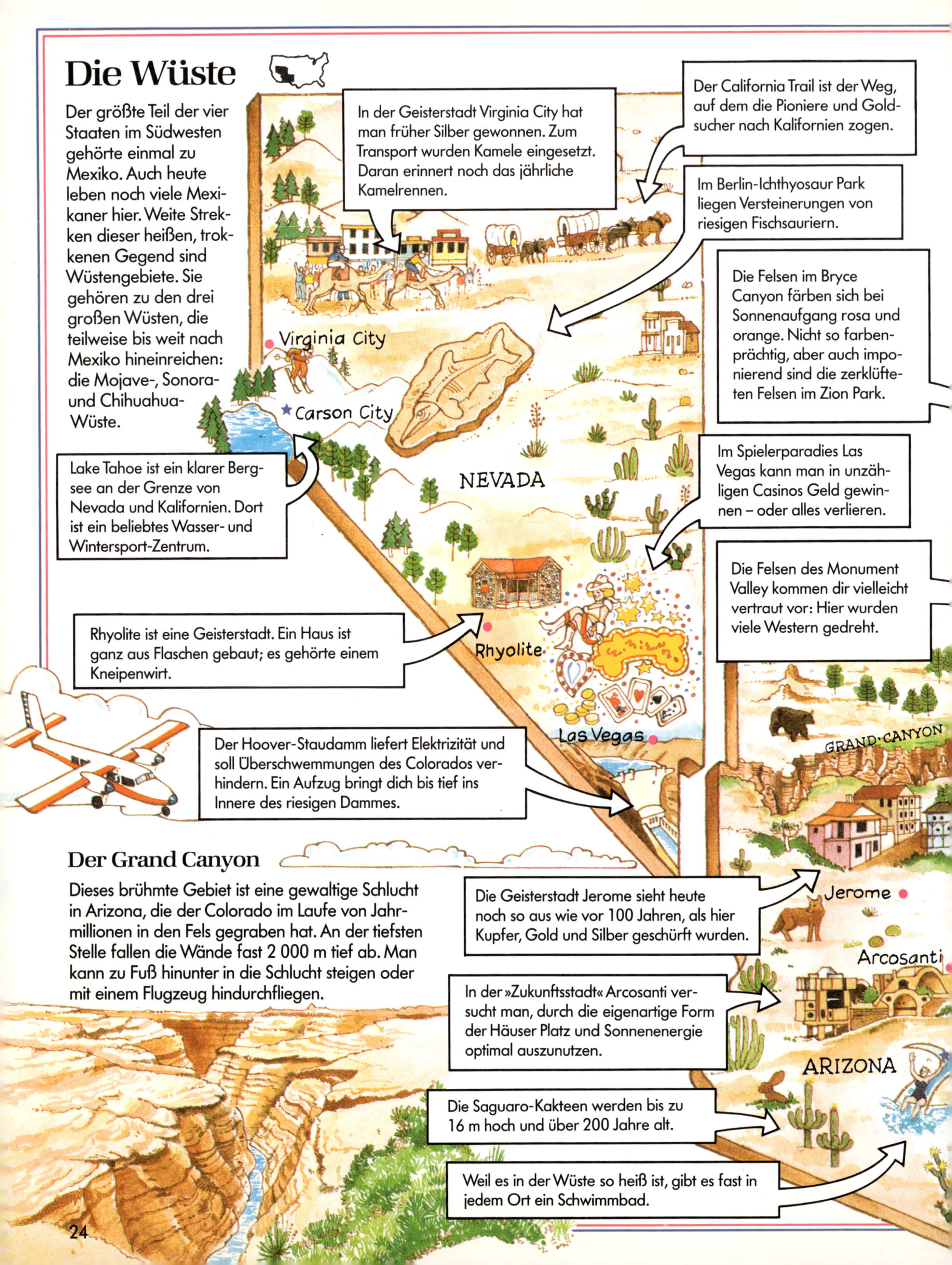

Der größte Teil der vier Staaten im Südwesten gehörte einmal zu Mexiko. Auch heute leben noch viele Mexikaner hier. Weite Strecken dieser heißen, trockenen Gegend sind Wüstengebiete. Sie gehören zu den drei großen Wüsten, die teilweise bis weit nach Mexiko hineinreichen: die Mojave-, Sonora- und Chihuahua-Wüste.

In der Geisterstadt Virginia City hat man früher Silber gewonnen. Zum Transport wurden Kamele eingesetzt. Daran erinnert noch das jährliche Kamelrennen.

Der California Trail ist der Weg, auf dem die Pioniere und Goldsucher nach Kalifornien zogen.

Im Berlin-Ichthyosaur Park liegen Versteinerungen von riesigen Fischsauriern.

Die Felsen im Bryce Canyon färben sich bei Sonnenaufgang rosa und orange. Nicht so farbenprächtig, aber auch imponierend sind die zerklüfteten Felsen im Zion Park.

Lake Tahoe ist ein klarer Bergsee an der Grenze von Nevada und Kalifornien. Dort ist ein beliebtes Wasser- und Wintersport-Zentrum.

Im Spielerparadies Las Vegas kann man in unzähligen Casinos Geld gewinnen – oder alles verlieren.

Die Felsen des Monument Valley kommen dir vielleicht vertraut vor: Hier wurden viele Western gedreht.

Rhyolite ist eine Geisterstadt. Ein Haus ist ganz aus Flaschen gebaut; es gehörte einem Kneipenwirt.

Der Hoover-Staudamm liefert Elektrizität und soll Überschwemmungen des Colorados verhindern. Ein Aufzug bringt dich bis tief ins Innere des riesigen Dammes.

Der Grand Canyon

Dieses brühmte Gebiet ist eine gewaltige Schlucht in Arizona, die der Colorado im Laufe von Jahrmillionen in den Fels gegraben hat. An der tiefsten Stelle fallen die Wände fast 2 000 m tief ab. Man kann zu Fuß hinunter in die Schlucht steigen oder mit einem Flugzeug hindurchfliegen.

Die Geisterstadt Jerome sieht heute noch so aus wie vor 100 Jahren, als hier Kupfer, Gold und Silber geschürft wurden.

In der »Zukunftsstadt« Arcosanti versucht man, durch die eigenartige Form der Häuser Platz und Sonnenenergie optimal auszunutzen.

Die Saguaro-Kakteen werden bis zu 16 m hoch und über 200 Jahre alt.

Weil es in der Wüste so heiß ist, gibt es fast in jedem Ort ein Schwimmbad.

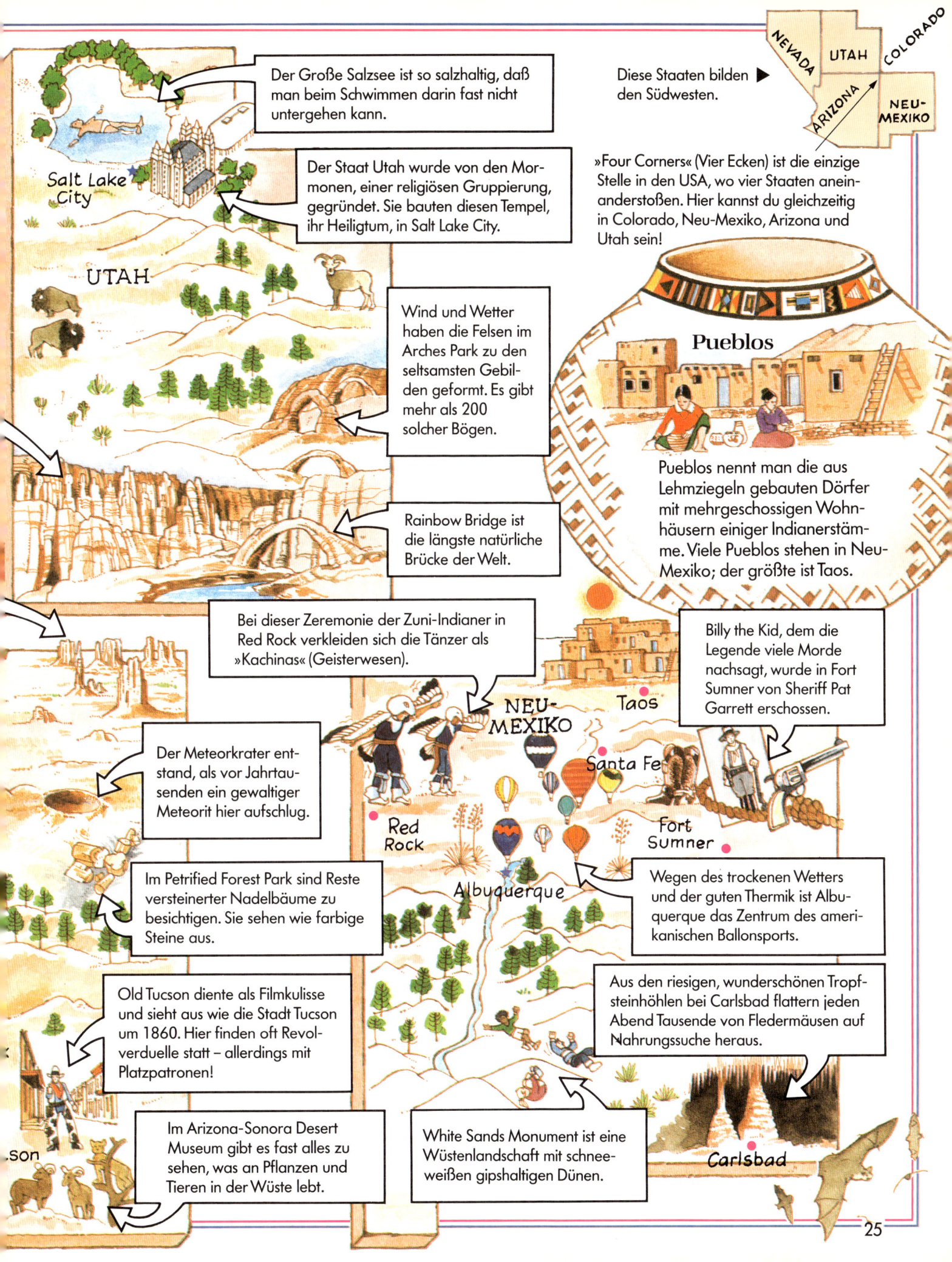

Der Große Salzsee ist so salzhaltig, daß man beim Schwimmen darin fast nicht untergehen kann.

Diese Staaten bilden den Südwesten.

Der Staat Utah wurde von den Mormonen, einer religiösen Gruppierung, gegründet. Sie bauten diesen Tempel, ihr Heiligtum, in Salt Lake City.

»Four Corners« (Vier Ecken) ist die einzige Stelle in den USA, wo vier Staaten aneinanderstoßen. Hier kannst du gleichzeitig in Colorado, Neu-Mexiko, Arizona und Utah sein!

Wind und Wetter haben die Felsen im Arches Park zu den seltsamsten Gebilden geformt. Es gibt mehr als 200 solcher Bögen.

Pueblos

Pueblos nennt man die aus Lehmziegeln gebauten Dörfer mit mehrgeschossigen Wohnhäusern einiger Indianerstämme. Viele Pueblos stehen in Neu-Mexiko; der größte ist Taos.

Rainbow Bridge ist die längste natürliche Brücke der Welt.

Bei dieser Zeremonie der Zuni-Indianer in Red Rock verkleiden sich die Tänzer als »Kachinas« (Geisterwesen).

Billy the Kid, dem die Legende viele Morde nachsagt, wurde in Fort Sumner von Sheriff Pat Garrett erschossen.

Der Meteorkrater entstand, als vor Jahrtausenden ein gewaltiger Meteorit hier aufschlug.

Im Petrified Forest Park sind Reste versteinerter Nadelbäume zu besichtigen. Sie sehen wie farbige Steine aus.

Wegen des trockenen Wetters und der guten Thermik ist Albuquerque das Zentrum des amerikanischen Ballonsports.

Old Tucson diente als Filmkulisse und sieht aus wie die Stadt Tucson um 1860. Hier finden oft Revolverduelle statt – allerdings mit Platzpatronen!

Aus den riesigen, wunderschönen Tropfsteinhöhlen bei Carlsbad flattern jeden Abend Tausende von Fledermäusen auf Nahrungssuche heraus.

Im Arizona-Sonora Desert Museum gibt es fast alles zu sehen, was an Pflanzen und Tieren in der Wüste lebt.

White Sands Monument ist eine Wüstenlandschaft mit schneeweißen gipshaltigen Dünen.

Die Rocky Mountains

Die Rocky Mountains oder »Rockies« sind das längste Gebirge Nordamerikas. Sie reichen von Neu-Mexiko über Colorado, Wyoming und Montana bis in den Norden Kanadas.

Im Glacier Park gibt es einige herrliche Seen und Gletscher. Mit etwas Glück siehst du dort auch Seeadler, Schneeziegen, Dickhornschafe oder Grizzlybären.

Man kann hier wandern oder skifahren; zum großen Teil bestehen die Rockies aus Wildnis, wo Elche, Bären und sonstige Wildtiere leben.

Clark und Lewis

Unter den ersten, die den Nordwesten erforschten, waren die Entdecker William Clark und Meriwether Lewis. Auf ihrer langen Reise trafen sie mit vielen Indianerstämmen zusammen. Die Indianerin Sacagawea führte sie durch das unbekannte Gebiet.

Clark ritzte seinen Namen in diesen Felsen. Er heißt »Pompey's Pillar« nach Little Pomp, Sacagaweas Sohn.

1876 verloren General Custer und die 7. Kavallerie die Schlacht am Little-Bighorn-Fluß gegen die Krieger der Sioux und Cheyenne. Die Soldaten wurden bis auf den letzten Mann getötet.

An manchen »Powwow«-Indianerfesten kann man teilnehmen und vielleicht sogar im Tipi übernachten.

Schon von weitem kannst du den Teufelsturm sehen, einen Vulkanfelsen, der hoch aus der flachen Prärie aufragt.

Auf Rodeos zeigen Cowboys ihr Können beim Kälberfangen und Bullenreiten.

Früher brachten Raddampfer auf dem Missouri Waren von St. Louis in den Norden.

Madison Buffalo Jump ist eine steile Felsklippe. Indianer nutzten sie früher zur Büffeljagd, indem sie die Herde über den Rand trieben.

Buffalo Bill hieß eigentlich William F. Cody und war Büffeljäger. Später gründete er eine Wildwest-Show und reiste damit durch die USA und Europa. In Cody gibt es ein großes Buffalo-Bill-Museum.

In unzugänglichem Gelände werden bei Waldbränden fallschirmspringende Feuerwehrleute eingesetzt. Auf der Feuerwache in Missoula kannst du sie beim Training beobachten.

Virginia City und Nevada City sind entstanden, als vor langer Zeit hier Gold gefunden wurde. Heute kann man sie als Geisterstädte besichtigen.

Wolf Point · MONTANA · Cody · Helena · Missoula

Die schwankenden Planwagen der Pioniere wirkten aus der Entfernung wie Segelschiffe in einem Meer aus Gras. Deshalb nannte man sie nach dem Segelschiff-Typen Schoner auch »Prärieschoner«.

Bei Cripple Creek kannst du wie früher die Minenarbeiter mit einem Förderkorb 300 m tief in eine alte Goldmine fahren.

Die höchste Hängebrücke der Welt überquert den Arkansas in der Schlucht Royal Gorge. Von der Brücke aus hast du einen tollen Ausblick über den Fluß.

Kit Karson war Büffeljäger, Fallensteller und gelegentlich Fährtensucher für die Armee. Er lebte in Bent's Fort, einem Pelzhandelsposten.

In Great Sand Dunes Monument hat der Wind riesige Sanddünen vor den Bergen angehäuft.

WYOMING

Cheyenne ★

★ Denver

● Cripple Creek

COLORADO

Mit den Schmalspur-Dampfzügen der alten Durango-Silverton-Bahn kannst du einen Ausflug in die Berge machen.

»Frontier Days« in Cheyenne ist das größte Rodeo der USA. Zu sehen gibt es dort Wagenrennen, Kälberfangen mit dem Lasso, Stierringen, Wildpferdereiten mit und ohne Sattel sowie Bullenreiten.

Ein Teil der sehr hoch gelegenen Rocky Mountain Parks besteht aus alpiner Tundra. Dort gibt es keine Bäume mehr, nur noch niedrigwachsende Pflanzen und Gräser.

Der Black Canyon des Gunnison-Flusses ist eine dunkle, enge Schlucht. Die Sonne fällt nur gegen Mittag ganz kurz auf die Talsohle.

Der Bandit Butch Cassidy und seine Leute versteckten sich oft in einem der vielen Canyons in Colorado.

Im Mesa Verde Park siehst du Überreste von Häusern, die von dem vorgeschichtlichen Indianerstamm der Anasazi gebaut wurden.

Der Yellowstone Park ist bekannt für seine zahlreichen heißen Quellen und Geysire. Der berühmteste ist »Old Faithful«. 1988 verwüstete ein schrecklicher Waldbrand große Teile des Parks; doch anders als befürchtet, begann die Natur sich schon im Jahr darauf zu erholen.

COWBOYS

Cowboys arbeiten auf Ranches, müssen gut reiten können und viel von Rindern verstehen. Ihre hohen Stiefel schützen sie vor Dornen und Schlangenbissen, der Hut vor Sonne und Regen. Manche Leute verbringen ihren Urlaub auf Ranches, um einmal wie Cowboys zu leben.

27

Alaska und der Nordwesten

Alaska ist der größte, aber am dünnsten besiedelte Staat der USA. In Süd- und Zentralalaska gibt es hohe Gebirge und dichte Nadelwälder. Im rauhen, baumlosen Norden fällt die Temperatur im Winter bis auf -60°C. In den Staaten des Pazifischen Nordwestens regnet es oft, vor allem an der Küste. Hier stehen viele Vulkane; etliche davon sind immer noch aktiv.

▶ Diese Karte zeigt Alaska und die Staaten des Pazifischen Nordwestens. Alaska ist über viermal so groß wie Deutschland!

Prudhoe Bay ist das größte Ölfeld in Nordamerika. In einer Pipeline wird das Öl durch ganz Alaska gepumpt.

Der Polarkreis ist eine gedachte Linie um die Nordkappe der Erde. Nördlich davon geht die Sonne im Hochsommer nicht unter, mitten im Winter nicht auf.

Ungefähr hier ist die Baumgrenze. Nördlich davon ist es so kalt, daß keine Bäume mehr wachsen.

»Iditarod« heißt das 1700 km lange Hundeschlitten-Rennen von Anchorage nach Nome.

Diese Stadt heißt North Pole (Nordpol). Viele Kinder schicken Briefe an den Weihnachtsmann hierher.

Der Mount McKinley ist mit 6193 m der höchste Berg Nordamerikas.

Anchorage, die größte Stadt Alaskas, wurde am Karfreitag 1964 von dem schwersten Erdbeben erschüttert, das je in Nordamerika registriert wurde.

1989 liefen aus einem leckgeschlagenen Tanker rund 42 Millionen Liter Öl ins Meer. Die Folgen dieser Ölpest für die Natur waren verheerend.

Die größten Braunbären leben auf der Insel Kodiak. Im Sommer fressen sie gern Lachse, die sie in den Flüssen fangen.

Eskimos

Neben einigen Indianerstämmen sind die Eskimos die Urbevölkerung Alaskas. Einige Stämme bauten im Winter kuppelförmige Hütten aus Schneeblöcken, die Iglus. Heute leben fast alle in Häusern.

»Trampolinspringen« mit einer Decke ist ein altes Eskimo-Spiel.

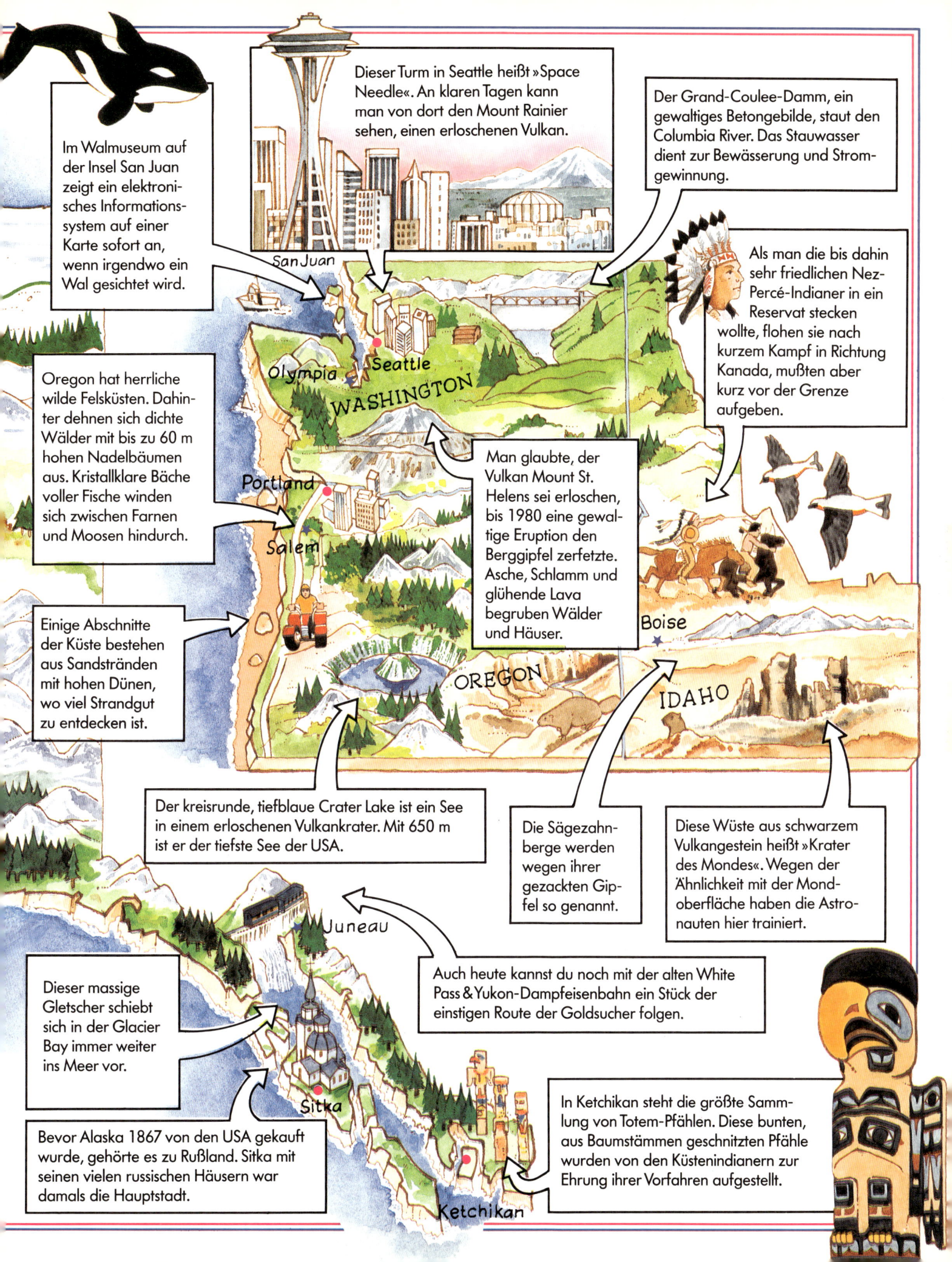

Im Walmuseum auf der Insel San Juan zeigt ein elektronisches Informationssystem auf einer Karte sofort an, wenn irgendwo ein Wal gesichtet wird.

Dieser Turm in Seattle heißt »Space Needle«. An klaren Tagen kann man von dort den Mount Rainier sehen, einen erloschenen Vulkan.

Der Grand-Coulee-Damm, ein gewaltiges Betongebilde, staut den Columbia River. Das Stauwasser dient zur Bewässerung und Stromgewinnung.

Als man die bis dahin sehr friedlichen Nez-Percé-Indianer in ein Reservat stecken wollte, flohen sie nach kurzem Kampf in Richtung Kanada, mußten aber kurz vor der Grenze aufgeben.

Oregon hat herrliche wilde Felsküsten. Dahinter dehnen sich dichte Wälder mit bis zu 60 m hohen Nadelbäumen aus. Kristallklare Bäche voller Fische winden sich zwischen Farnen und Moosen hindurch.

Man glaubte, der Vulkan Mount St. Helens sei erloschen, bis 1980 eine gewaltige Eruption den Berggipfel zerfetzte. Asche, Schlamm und glühende Lava begruben Wälder und Häuser.

Einige Abschnitte der Küste bestehen aus Sandstränden mit hohen Dünen, wo viel Strandgut zu entdecken ist.

Der kreisrunde, tiefblaue Crater Lake ist ein See in einem erloschenen Vulkankrater. Mit 650 m ist er der tiefste See der USA.

Die Sägezahnberge werden wegen ihrer gezackten Gipfel so genannt.

Diese Wüste aus schwarzem Vulkangestein heißt »Krater des Mondes«. Wegen der Ähnlichkeit mit der Mondoberfläche haben die Astronauten hier trainiert.

Dieser massige Gletscher schiebt sich in der Glacier Bay immer weiter ins Meer vor.

Auch heute kannst du noch mit der alten White Pass & Yukon-Dampfeisenbahn ein Stück der einstigen Route der Goldsucher folgen.

In Ketchikan steht die größte Sammlung von Totem-Pfählen. Diese bunten, aus Baumstämmen geschnitzten Pfähle wurden von den Küstenindianern zur Ehrung ihrer Vorfahren aufgestellt.

Bevor Alaska 1867 von den USA gekauft wurde, gehörte es zu Rußland. Sitka mit seinen vielen russischen Häusern war damals die Hauptstadt.

Kalifornien

Kalifornien ist der bevölkerungsreichste und drittgrößte Bundesstaat. Das Klima innerhalb Kaliforniens ist sehr unterschiedlich. Im Norden ist es feuchtmild, im Süden heiß. Der Osten des Staates besteht aus Gebirgen und Wüste.

Einige Teile Kaliforniens sind sehr erdbebengefährdet. Deshalb sind die meisten Häuser einstöckig und aus Holz, denn Steinhäuser stürzen bei Erschütterungen leichter ein.

Im Wells Fargo Bank Museum kannst du auf einem altmodischen Telegraphen morsen und dich in eine alte Postkutsche setzen.

Die berühmte Golden-Gate-Brücke ist in Wirklichkeit rot. Morgens wird sie von Nebelschwaden meistens halb verdeckt.

Die schönste Art, San Francisco kennenzulernen, ist eine Fahrt mit der »Cable Car«. Diese alte Straßenbahn wird von unterirdischen Drahtseilen gezogen.

Im Exploratorium kannst du deine Sinne auf die Probe stellen. Warum kommt man sich in diesem Raum wohl wie ein Riese vor?

Eine Spezialität aus San Francisco ist das knusprige Weißbrot. Französische Goldsucher brachten das Rezept einst aus ihrer Heimat mit.

Diese Riesenmammutbäume wachsen in der Sierra Nevada. Der größte steht im Sequoia Park, heißt »General Sherman« und hat 31 m Umfang.

Hunderte von Höhlen durchziehen die schwarze Lava-Landschaft des Lava Beds Monument.

1848 wurde bei Sutter's Mill Gold gefunden. Im Jahr darauf begann ein großer Goldrausch – aus der ganzen Welt strömten Abenteurer nach Kalifornien zur Goldsuche.

Küstenmammutbäume, die höchsten Bäume der Welt, werden bis zu 120 m hoch und wachsen im neblig-feuchten Klima der nordkalifornischen Küste.

In vielen Teilen Kaliforniens, wie hier im Napa Valley, wird Wein angebaut.

Die grandiose Bergwelt des Yosemite Park lädt zu Wanderungen ein.

Sacramento

San Francisco

Der niedrigste Punkt in Nordamerika ist das Death Valley (Todestal). Da es dort sehr heiß und trocken ist, sollte man als Besucher Wasser mitnehmen.

Diese seltsamen Bäume heißen Palmlilien. Sie werden bis zu 10 m hoch und wachsen nur in der Mojave-Wüste.

Vor langer Zeit haben die Spanier 21 Missions-Stationen entlang der kalifornischen Küste gebaut. San Juan Capistrano ist bekannt wegen der Schwalben, die jedes Jahr am gleichen Tag dorthin zurückkehren.

Kalifornien produziert mehr Obst und Gemüse als jeder andere Bundesstaat.

Der Farmer Walter Knott kreuzte Himbeeren mit Brombeeren zu Boysenbeeren. Sein Hof, Knott's Berry Farm, ist heute ein Vergnügungspark.

Der Zoo von San Diego ist so groß, daß er eine eigene Schwebebahn und Doppeldeckerbusse für die Besucher hat.

Disneyland

Disneyland in Anaheim war der erste Märchenpark der Welt. Erdacht und entworfen hat ihn Walt Disney, der Vater von Micky Maus, Donald Duck und anderen Comic-Figuren. Einige der vielen Attraktionen haben bekannte Märchen zum Thema.

© The Walt Disney Company

Entlang der südkalifornischen Küste gibt es überall weite Sandstrände. Viele Leute surfen dort auf den hohen Wellen des Pazifiks.

In den Universal-Filmstudios siehst du Filmkulissen und erlebst eine abenteuerliche Tour durch einen Eistunnel und über eine einstürzende Brücke.

LOS ANGELES

Im Winter kannst du vor der Küste Grauwale beobachten.

Diese Kreuzung bei Los Angeles, an der zahlreiche Autobahnen übereinander hinwegführen, heißt »The Stack« (der Stapel).

Vor langer Zeit gerieten Mammute und andere Tiere in die Teergruben von La Brea. Ihre Skelette sind dort im Museum.

Register

Alabama 17
Alaska 2, 28, 29
Arches Park 25
Arizona 24, 25
Arkansas 16
Arktis 28
Arlington Cemetery 10
Atlanta 13

Badlands Park 20
Baseball 10
Big Bend Park 22
Billy the Kid 25
Bisons 20
Blackbeard 12
Boston 9
Bryce Canyon 25
Bürgerkrieg 5, 11, 12, 17
Buffalo Bill 27

Cajuns 17
Charleston 13
Chicago 2, 18
Clark, William 26
Coca-Cola 16
Colorado 26, 27
Colt 9
Connecticut 9
Country Music Hall of Fame 17
Cowboys 21, 27
Crater Lake 29
Crater of Diamonds Park 16

Dallas 5, 23
Death Valley 31
Delaware 11
Detroit 19
Disneyland 31
Dust Bowl 21

Eskimos 28
Everglades 15

Florida 14, 15

Geisterstädte 5, 24, 26

Georgia 10, 11
Gettysburg (Schlacht) 11
Glacier Park 26
Grand Canyon 24
Großer Salzsee 25
Große Seen 3, 18, 19

Hawaii 2
Herrensitze 18
Houston 2, 23

Idaho 28, 29
Illinois 18
Indiana 19
Indianer 2, 4, 5, 7, 19, 20, 21, 25, 26, 27, 29
Iowa 21

Jefferson, Thomas 4, 10, 12, 20
Johnson-Raumfahrtzentrum 23

Kalifornien 30, 31
Kansas 21
Kennedy, John F. 5, 10
Kennedy-Raumfahrtzentrum 15
Kentucky 10
Kinderzoo in der Bronx 7
King, Martin Luther 13
Knott's Berry Farm 31

Lake Tahoe 24
Las Vegas 24
León, Ponce de 15
Lewis, Meriwether 26
Lincoln, Abraham 10, 18, 20
Little Bighorn (Schlacht) 26
Louisiana 16, 17
Los Angeles 2, 3, 31
Luft- und Raumfahrtmuseum 10

Maine 8
Mammutbäume 30

Marsch der Tränen 21
Maryland 11
Massachusetts 9
Mayflower 9
Meteorkrater 25
Miami 15
Michigan 19
Minnesota 18
Missions-Stationen 23, 31
Mississippi (Fluß) 3, 16, 17, 18
Mississippi (Staat) 17
Missouri 21
Montana 26
Monument Valley 25
Mount McKinley 3, 28, 29
Mount Rushmore 20
Mount Washington 9

Nebraska 21
Neu-England 8, 9
Neu-Mexiko 25
New Hampshire 9
New Jersey 11
New Orleans 16
New York (Staat) 11
New York (Stadt) 2, 3, 6, 7
Niagara-Fälle 9
Nord-Carolina 12, 13
Nord-Dakota 20

Ohio 19
Oklahoma 21
Oregon 28, 29
Ozark Mountains 16

Pennsylvania 11
Philadelphia 2, 10, 11
Plantagen 16, 17
Pony Express 21
Prärie 20, 21
Pueblos 25

Raumfahrtzentrum Huntsville 17
Regierung 3
Rhode Island 9
Rocky Mountain Park 27

Rocky Mountains 26, 27

Salt Lake City 25
San Antonio 23
San Diego Zoo 31
San Francisco 30
Seattle 28
Sea World Aquarium 22
Sezessionskrieg 5, 11, 12, 17
Sklaverei 5, 12, 16
Stars and Stripes 3
St. Augustine 15
St. Louis 21
Süd-Carolina 13
Süd-Dakota 20
Südstaaten-Küche 13

Tennessee 17
Texas 22, 23
Tin Lizzy 19

Unabhängigkeitskrieg 4, 7, 9
Utah 5, 25

Vermont 8
Virginia 12

Washington D.C. 2, 10
Washington, George 4, 10, 12, 20
Washington (Staat) 28, 29
Weißes Haus 10
West-Virginia 11
Wigwams 19
Williamsburg 13
Wisconsin 19
Wüste 24, 25
Wyoming 26, 27

Yankee-Stadion 7
Yellowstone Park 27
Yosemite Park 30

Zeitzonen 3
Zion Park 25

95 94 93 92 91 5 4 3 2 1

© 1991 für die deutsche Ausgabe
ars edition, München
Titel der Originalausgabe: »First Book of America«

© 1990 Usborne Publishing Ltd., London
Aus dem Englischen von Susanne Härtel
Gestaltung: Mary Cartwright

Umschlaggestaltung: Atelier Langenfass, Ismaning
Alle Rechte vorbehalten
Printed in Belgium · ISBN 3-7607-4562-8

ENTDECKEN
Sachbücher für Kinder und Jugendliche

WUNDERWELT DES MEERES	WUNDERWELT DER VÖGEL	WUNDERWELT DER INSEKTEN	WUNDERWELT DER PFLANZEN
ISBN 3-7607-4540-7	ISBN 3-7607-4541-5	ISBN 3-7607-4542-3	ISBN 3-7607-4543-1
 WUNDERWELT DER REPTILIEN	 WUNDERWELT DER SÄUGETIERE	 DINOSAURIER VON A-Z	
ISBN 3-7607-4544-X	ISBN 3-7607-4545-8	ISBN 3-7607-4552-0	
Das Umwelt-Buch	Das Mikroskopier-Buch	Das Buch vom Ballett	Das Zauberbuch
ISBN 3-7607-4524-5	ISBN 3-7607-4546-6	ISBN 3-7607-4538-5	ISBN 3-7607-4547-4
 Gitarre spielen	Das Buch vom Windsurfen	Skifahren	
ISBN 3-7607-4525-3	ISBN 3-7607-4539-3	ISBN 3-7607-4548-2	

ENTDECKEN
Sachbücher für Kinder und Jugendliche

ALLTAG BEI DEN URMENSCHEN
ISBN 3-7607-4516-4

ALLTAG BEI DEN RÖMERN
ISBN 3-7607-4517-2

ALLTAG BEI DEN RITTERN
ISBN 3-7607-4518-0

DIE VORGESCHICHTE – Tatsachen, Rekorde, Daten, Vergleiche
ISBN 3-7607-4509-1

DIE TIERWELT – Tatsachen, Rekorde, Daten, Vergleiche
ISBN 3-7607-4510-5

DIE ERDE – Tatsachen, Rekorde, Daten, Vergleiche
ISBN 3-7607-4511-3

DER WELTRAUM – Tatsachen, Rekorde, Daten, Vergleiche
ISBN 3-7607-4512-1

DAS WETTER – Tatsachen, Rekorde, Daten, Vergleiche
ISBN 3-7607-4533-4

DIE WELT VON HEUTE – Tatsachen, Rekorde, Daten, Vergleiche
ISBN 3-7607-4534-2

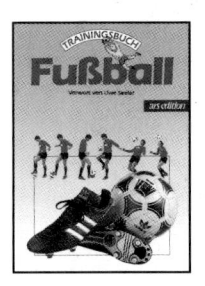

TRAININGSBUCH FUSSBALL
ISBN 3-7607-4522-9

TRAININGSBUCH ÜBERLEBEN
ISBN 3-7607-4523-7

TRAININGSBUCH SCHWIMMEN UND SPRINGEN
ISBN 3-7607-4531-8

TRAININGSBUCH TENNIS
ISBN 3-7607-4532-6